Atitudes em relação à inclu

Kris Ward

Atitudes em relação à inclusão de alunos com perturbações do espetro do autismo

ScienciaScripts

Imprint

Any brand names and product names mentioned in this book are subject to trademark, brand or patent protection and are trademarks or registered trademarks of their respective holders. The use of brand names, product names, common names, trade names, product descriptions etc. even without a particular marking in this work is in no way to be construed to mean that such names may be regarded as unrestricted in respect of trademark and brand protection legislation and could thus be used by anyone.

Cover image: www.ingimage.com

This book is a translation from the original published under ISBN 978-3-659-85113-1.

Publisher:
Sciencia Scripts
is a trademark of
Dodo Books Indian Ocean Ltd. and OmniScriptum S.R.L publishing group

120 High Road, East Finchley, London, N2 9ED, United Kingdom
Str. Armeneasca 28/1, office 1, Chisinau MD-2012, Republic of Moldova, Europe

ISBN: 978-620-3-59013-5

Copyright © Kris Ward
Copyright © 2024 Dodo Books Indian Ocean Ltd. and OmniScriptum S.R.L publishing group

ÍNDICE

CAPÍTULO 1 2
CAPÍTULO 2 8
CAPÍTULO 3 28
CAPÍTULO 4 37
CAPÍTULO 5 49
Apêndices 57
Referências 64

CAPÍTULO 1

Introdução

Natureza do problema

As crianças com autismo são educadas num contexto de ensino geral com uma frequência maior do que a observada na história (Park, Chitiyo, & Choi, 2010). O afluxo de crianças em ambientes de educação geral deve-se principalmente à Lei de Educação de Indivíduos com Deficiências (IDEA, 1994) que obriga os alunos a serem educados com colegas sem deficiência, na medida do possível. No entanto, os alunos com autismo apresentam desafios específicos para os professores que não foram adequadamente preparados ou formados para responder às exigências de aprendizagem únicas de um aluno com tais perturbações. A falta de formação pode afetar o sentimento de auto-eficácia de um professor no que diz respeito a alcançar alunos com autismo e outras deficiências de desenvolvimento. Sem dúvida, a falta de auto-eficácia em relação à educação de uma criança com autismo pode ter um impacto significativo na atitude do professor em relação ao aluno. Acredita-se que "a atitude do professor pode ter uma influência direta no sucesso da inclusão de crianças com deficiência" (Combs, Elliott, & Whipple, 2010, p. 114).

Os professores em formação representam o futuro dos educadores das escolas públicas e privadas. As populações de professores em pré-serviço incluem os estudantes que declararam uma especialização em educação numa faculdade ou universidade e estão a aprender a ser professores de ensino geral ou especial. A intenção de um programa de formação universitária é dar ao aluno várias oportunidades de experimentar tudo o que é necessário para ser um professor eficaz, incluindo oportunidades de trabalhar com crianças com deficiência. Infelizmente, os cursos específicos sobre deficiências estão geralmente limitados a um único curso sobre excepcionalidades. Historicamente, em cada semana, o curso centra-se num dos 13 rótulos categóricos exigidos para apoio e serviços de ensino especial. Além disso, a maior parte das universidades exige que os alunos participem em trabalhos de curso, com experiências de campo relacionadas com a área de especialização escolhida, antes do último semestre da faculdade, altura em que os alunos participam num semestre de ensino para estudantes. O ensino de estudantes é um semestre intenso em que os estudantes aplicam muito do que aprenderam ao longo dos últimos anos de escola em salas de aula de escolas públicas sob a direção de supervisores de campo. Campo

As experiências e as colocações de ensino dos estudantes são determinadas pelas especializações declaradas dos estudantes. Nesta altura da sua formação, os alunos já formaram opiniões sobre muitas questões sociais e educativas que prevêem enfrentar quando concluírem a sua formação, incluindo a educação de alunos com autismo e outras deficiências de desenvolvimento. Por vezes, as opiniões são formadas com base na experiência direta anterior com uma pessoa com deficiência, que é generalizada a uma população. Outras opiniões formam-se simplesmente por ignorância sobre as deficiências. Um problema ocorre quando as opiniões sobre o ensino de alunos com autismo e perturbações do desenvolvimento afectam a auto-eficácia de uma pessoa sobre se pode ou não ensinar eficazmente o aluno com perturbações (Gibson & Dembo, 1984). As opiniões e atitudes dos professores em formação devem ser examinadas à luz da experiência mínima durante a sua formação inicial e do desenvolvimento profissional subsequente.

Antecedentes e importância do problema

As Perturbações do Espectro do Autismo (PEA) são perturbações do neurodesenvolvimento frequentemente designadas por "tríade de perturbações" (Wing, 1997) que afectam três áreas principais: comportamentos estereotipados, défices de comunicação e perturbações sociais. A Academia Americana de Pediatria indica que uma em cada 91 crianças com idades compreendidas entre os 3 e os 17 anos se encontra dentro do espetro do autismo (Kogen et al., 2009). Em 2007, os Centros de Controlo de Doenças (CDC) estimaram a prevalência do autismo em uma em 150, representando cerca de 0,75% da população. Mais recentemente, o American Journal of Psychiatry publicou um estudo que cita a prevalência do autismo como sendo de 2,64% da população (Kim et al., 2011). À medida que o número de crianças afectadas por uma PEA aumenta, aumenta também o número de crianças abrangidas pelo ensino especial nas escolas públicas de todo o país (Odom, Brown, Frey, Karasu, Smith-Canter, & Strain, 2003).

O Texas está a seguir as tendências nacionais, como indicam os dados recentes distribuídos pela Texas Education Agency (TEA). Em 2010, havia 29.536 crianças no Texas com uma deficiência primária de autismo. Destas, 11.704 crianças estavam em salas de aula autónomas, o que significa que mais de 50% do seu dia decorria num ambiente mais restritivo . O ambiente restritivo refere-se à acessibilidade que um aluno tem aos seus pares sem deficiência. Neste exemplo, a população indicada passa mais de 50% do dia escolar com alunos com deficiências variadas do que com colegas sem deficiências. Isto em comparação com as 10.346 crianças que foram servidas numa sala de aula de recursos durante menos de 3 horas por dia e 5.082 crianças que foram servidas num contexto de ensino geral (TEA, 2011). Nove anos antes, em 2001, o TEA registou 7.156 crianças com uma deficiência primária de autismo. Dessas crianças, 4.099 eram servidas em salas de aula autónomas, 1.861 em salas de aula de recursos e 515 em turmas de ensino geral. O número de crianças que participaram em ambientes de inclusão e de recursos em 2008 representa um aumento de 78% no número de crianças com autismo em salas de aula do ensino geral, em comparação com os relatórios de 2001.

O aumento acentuado da participação no ensino geral deve-se principalmente à Lei Pública 94-142, agora conhecida como a Lei da Educação dos Indivíduos com Deficiências (IDEA). Esta lei estabelece:

na medida do possível, as crianças deficientes, incluindo as crianças que se encontram em instituições públicas e privadas ou outras estruturas de acolhimento, são educadas com crianças que não são deficientes, e que as classes especiais, a escolaridade separada ou outro tipo de afastamento das crianças deficientes do ambiente educativo regular só ocorre quando a natureza ou a gravidade da deficiência é tal que a educação em classes regulares com a utilização de ajudas e serviços suplementares não pode ser alcançada de forma satisfatória (P.L. 94-142, Secção 1412 [5] [B]).

As exigências da IDEA estipulam que as crianças com deficiências devem ser servidas num ambiente menos restritivo, onde os alunos tenham o maior acesso possível ao currículo do ano letivo, ministrado por professores de conteúdos que utilizem estratégias com base científica (Odom et. al, 2003). Esta prática é frequentemente designada por inclusão. A inclusão constrói relações com os pares e promove o desenvolvimento emocional, social e cognitivo e é evidenciada na maioria dos países desenvolvidos (Yianni-Coudurier et. al., 2008).

Apesar dos benefícios conhecidos e da prática generalizada da inclusão, os professores manifestam grandes preocupações relativamente à integração de alunos com deficiência (Jull, 2006). Alguns professores questionam o desenvolvimento das crianças com deficiência num contexto de ensino geral (Yianni-Coudurier et al., 2008). Os professores de todas as disciplinas e áreas de conteúdo relatam sentimentos de inadequação em relação ao ensino de alunos com deficiência e sentem frustração juntamente com o aluno e a família. Os professores sentem apreensão e preocupação no seio da comunidade escolar relativamente à inclusão de alunos com deficiência na sala de aula do ensino geral (Harding, 2009). Um inquérito realizado por Agbenyega (2007) revelou três temas relacionados com a inclusão de alunos com deficiência na sala de aula regular. O primeiro tema envolvia uma crença geral sobre a inclusão. Os resultados indicaram que os professores não achavam que os alunos com deficiências sensoriais e outras deficiências pertencessem ao contexto da escola regular. Um participante comentou: "Com os alunos normais, não é preciso perder muito tempo a apoiá-los e a orientá-los... não acreditamos que isto vá resultar. É melhor que eles permaneçam nas escolas especiais" (Agbenyega, 2007, p. 51). O segundo tema que surgiu foi relativo a questões profissionais. Os professores não acreditavam que possuíam os conhecimentos e as competências necessárias para ensinar adequadamente os alunos com deficiência. Um professor comentou: "Como é que os decisores políticos esperam que trabalhemos com alunos para os quais não fomos formados?" (Agbenyega, 2007, p. 51). O terceiro tema dizia respeito a questões de recursos, incluindo preocupações com o espaço, a acessibilidade e a falta de material.

A miríade de preocupações expressas pelos professores em relação à inclusão de alunos com autismo numa sala de aula de ensino geral afectaria sem dúvida a atitude do professor. Harding (2009) investigou as atitudes dos professores em relação à inclusão e identificou quatro atitudes que têm um impacto direto na forma como o professor reagiria ao aluno e, além disso, o aceitaria na sala de aula. Essas atitudes são o apego, a preocupação, a indiferença e a rejeição, definida como falta de vontade. A perceção que o professor tem da capacidade das crianças para controlar o seu próprio comportamento dita a atitude que possui e a sua vontade de aceitar uma criança como membro da turma. Rose e Smith (1992) referem que 57,9% dos inquiridos num inquérito nacional indicaram que as atitudes e os valores são um "desincentivo ou proibição" (p. 6) à colocação de crianças em idade pré-escolar com deficiência numa sala de aula de ensino geral. As más atitudes ficaram em segundo lugar no inquérito, depois da formação do pessoal e das normas. Avramidis, Bayliss e Burden (2000) fizeram um inquérito a professores experientes e descobriram vários factores que afectam as atitudes dos professores, incluindo a autoconfiança e a formação profissional. Os professores que tinham maior confiança nas suas capacidades e os que tinham recebido formação significativa antes ou durante o serviço demonstraram atitudes mais positivas em relação à inclusão. É evidente que a formação prévia de um professor e a sua preocupação com os alunos com deficiência na sala de aula podem ter impacto na qualidade da educação que um aluno recebe (Agbenyega, 2007).

Declaração do problema

Um fator que afecta a atitude dos professores é o desenvolvimento profissional e a formação. O problema geral é que os professores em formação, certificados para ensinar em salas de aula do ensino geral, têm uma experiência mínima de trabalho com crianças com deficiências, especificamente com autismo. O problema específico é que, apesar da experiência limitada dos professores em formação, formaram-se atitudes e crenças sobre as suas capacidades para ensinar crianças com autismo. O presente estudo abordará as preocupações relativas à atitude dos professores do ensino geral em início de carreira que têm de incluir efetivamente alunos com autismo no contexto do ensino geral, não apenas para cumprir um requisito, mas como membros participantes com exigências e expectativas educativas. Este estudo avaliou a atitude dos professores em início de carreira em relação à inclusão de crianças com deficiência, especificamente com autismo, numa sala de aula do ensino geral, antes e depois de um desenvolvimento profissional orientado para as perturbações do espetro do autismo.

Questão de investigação

Foi examinada a seguinte questão de investigação: Será que as atitudes dos professores em início de carreira melhoram após um desenvolvimento profissional orientado para a inclusão de alunos com autismo?

Glossário

• Perturbações do Espectro do Autismo - (PEA), um grupo de perturbações do desenvolvimento que partilham semelhanças comportamentais sociais, comunicativas, estereotipadas e ritualistas, variando em termos de idade de início e gravidade dos sintomas (McLeskey, et al., 2010, p 441)

• Altamente qualificado - deve possuir pelo menos um diploma de bacharelato, estar totalmente certificado para ensinar no Texas e demonstrar competência na sua área académica principal

• Inclusão - Os alunos com deficiência são valorizados e incluídos na comunidade escolar. Os alunos com deficiência são membros activos nos aspectos académicos e sociais da sala de aula do ensino geral

- Individuals with Disabilities Education Act (IDEA) - legislação federal que garante a todas as crianças e jovens com deficiência o direito a um ensino público gratuito e adequado

- Ambiente menos restritivo - requisito da IDEA que se refere à colocação de alunos com excepcionalidades. Devem ser considerados os ambientes de ensino geral e os alunos com deficiência devem ser educados com colegas sem deficiência, na medida do possível

- No Child Left Behind (Nenhuma Criança Deixada para Trás) - legislação federal que exige que os estados avaliem o desempenho dos alunos em matemática, leitura e ciências; providenciem professores altamente qualificados; ofereçam escolha de escola pública aos alunos que frequentam escolas que não cumprem as diretrizes federais para um progresso anual adequado

- Sala de aula de recurso - Uma sala de aula separada na qual os alunos com serviços de educação especial podem ser ensinados durante uma parte do dia letivo

- Sala de aula autónoma - Uma sala de aula separada na qual os alunos com deficiências mais significativas são ensinados durante a maior parte ou todo o dia letivo

- Conhecimentos e Competências Essenciais do Texas (TEKS) - currículo obrigatório do estado do Texas

CAPÍTULO 2

Revisão da literatura

A seguinte análise da literatura examinou a investigação realizada no domínio da educação relativamente às atitudes dos professores em formação sobre a inclusão de alunos com autismo e perturbações do desenvolvimento nas salas de aula do ensino geral. Além disso, foram analisadas as atitudes dos professores em serviço que já tinham opiniões formadas sobre a inclusão de crianças com autismo nas salas de aula do ensino geral. O estudo baseou-se nos conceitos de auto-eficácia de Bandura como enquadramento teórico. Foi analisada a investigação sobre a auto-eficácia dos professores em serviço e em formação. Segue-se uma discussão aprofundada sobre a inclusão, incluindo o desenvolvimento histórico da inclusão e os benefícios da inclusão. As atitudes dos professores em serviço e em formação sobre a inclusão foram incluídas na análise. A inclusão envolve alunos com muitas deficiências; no entanto, este estudo aborda especificamente as perturbações do espetro do autismo (PEA). Como tal, foi feita uma análise da literatura sobre o autismo. Por último, o papel do desenvolvimento profissional orientado, no que se refere a afetar a auto-eficácia dos professores em início de carreira, concluiu a análise da literatura.

Quadro teórico

Teoria Social Cognitiva de Bandura

Bandura iniciou a sua formação teórica no final da década de 1950 com a publicação de Adolescent Aggression (Bandura & Walters, 1959). Na altura, o enquadramento da teoria da aprendizagem social centrava-se em princípios de teorias psicanalíticas e de aprendizagem (Grusec, 1992). O segundo livro de Bandura rapidamente excluiu a influência das ideias psicanalíticas e mudou para um conceito mais comportamental. Embora o behaviorismo tenha de facto influenciado a Teoria da Aprendizagem Social, Bandura negou a dependência do condicionamento para mudar comportamentos e colocou maior ênfase no papel da modelação, convidando conceitos de processamento de informação para a formação da teoria. O papel da imitação e o processo de cognição influenciaram tanto a teoria que, em 1980, Bandura renomeou a Teoria da Aprendizagem Social para Teoria Social Cognitiva. A imitação tornou-se o tema central da teoria. Bandura reconheceu que o comportamento novo nem sempre ocorre na presença do modelo. Portanto, o reforço não poderia servir como explicação para a mudança de comportamento. O princípio principal da Teoria Social

Cognitiva baseia-se na maneira como os seres humanos processam cognitivamente as situações sociais e, por sua vez, alteram os comportamentos pessoais como resultado da experiência social (Bandura, 1977b).

Bandura começou a estudar os comportamentos fóbicos e o papel desempenhado pelos modelos participantes na correção dessas fobias no final da década de 1970 (Grusec, 1992). Mais recentemente, os investigadores sugeriram que a auto-eficácia afecta as atitudes e crenças de uma pessoa (Berry, 2010; Lifshitz et al., 2004). A auto-eficácia e, em última análise, a atitude de um professor terão um impacto significativo na educação de um aluno com deficiência. O conceito de auto-eficácia surgiu do tratamento de fobias e refere-se à crença de que se pode realizar uma tarefa de forma eficaz (Van Der Roest, Kleiner, & Kleiner, 2011). Mais especificamente, as pessoas formam crenças sobre a sua capacidade de realizar uma tarefa num determinado domínio, o que, por sua vez, influencia a vontade da pessoa de tentar a tarefa e, além disso, a quantidade de esforço empregue na tarefa (Bandura, 1977a). As crenças de desempenho sobre um comportamento, ou a mudança de comportamento, ocorrem através de um processo cognitivo. A aprendizagem ocorre através do desempenho bem sucedido da tarefa. A crença de uma pessoa de que pode realizar a tarefa com sucesso dependerá de tentativas anteriores bem sucedidas da tarefa. Assim, os teóricos da auto-eficácia decidiram separar as capacidades existentes da pessoa de um comportamento específico antecipado e de um resultado específico realizado. Uma pessoa mantém expectativas de eficácia relativamente a um comportamento específico. A expetativa de eficácia é a convicção de que se pode realizar com êxito o comportamento necessário para obter um determinado resultado. Secundárias às expectativas de eficácia são as expectativas de resultado, que são estimativas de que um comportamento específico produzirá um resultado esperado (Bandura, 1977b). Uma pessoa deve ter altos níveis de expetativa de eficácia antes mesmo de tentar um comportamento.

A auto-eficácia é desenvolvida através de múltiplas fontes, tal como descrito por Bandura. Bandura sugere que as pessoas desenvolvem a auto-eficácia através de realizações de desempenho (Bandura, 1977a). Ao participar e obter sucesso numa atividade, uma pessoa desenvolve a auto-eficácia. Bandura (1977b) sugere que as realizações de desempenho podem ser alcançadas através da modelação do participante, da dessensibilização do desempenho, da exposição ao desempenho e do desempenho auto-instruído. A auto-eficácia também pode ser desenvolvida através da experiência vicária por meio da modelação ao vivo e da modelação simbólica. A persuasão verbal através de sugestão, exortação, auto-instrução e tratamentos interpretativos também aumenta a auto-eficácia. Finalmente, a auto-eficácia é afetada pela excitação emocional através da atribuição, relaxamento, dessensibilização simbólica e exposição simbólica. As realizações de desempenho são geralmente o meio mais eficaz para aumentar a auto-eficácia, seguidas de experiências vicárias e de modelação (Sims & Lorenzi, 1992).

Armor et al.(1976) e Berman e McLaughlin (1977) ilustraram o efeito que as crenças dos professores tinham na sua capacidade de instruir eficazmente diversos alunos. Berman e McLaughlin (1977) consideraram a auto-eficácia como a caraterística mais importante para efetuar mudanças na aprendizagem dos alunos. Armor et al. (1976) examinaram a seleção de um programa de leitura num determinado distrito escolar. Mais uma vez, o sentido de auto-eficácia de um professor determinou com maior magnitude qual o programa de leitura que seria implementado nas escolas. Gibson e Dembo (1984) alargaram a teoria da auto-eficácia de Bandura para desenvolver um constructo que abordava especificamente o sentido de auto-eficácia dos professores na sala de aula. Através de uma série de três fases, Gibson e Dembo alinharam a auto-eficácia dos professores com a teoria da auto-eficácia de Bandura. Bandura (1977a) descreveu a expetativa de resultados como a crença de que um determinado comportamento conduzirá a um determinado resultado. Gibson e Dembo (1984) equipararam o conceito de Bandura à relação entre um comportamento e um resultado como eficácia do ensino. A eficácia do ensino é a convicção que um professor tem de que o ambiente pode ser controlado para que os alunos possam ser ensinados. A eficácia do ensino é ainda descrita como a convicção de que circunstâncias externas, como o estatuto socioeconómico, o envolvimento dos pais e o quociente de inteligência, podem ser ultrapassadas com persistência e esforço por parte do professor. Em segundo lugar, Bandura (1977a) descreveu a eficácia pessoal como a convicção de que se pode adotar os comportamentos necessários para alcançar um determinado resultado. Gibson e Dembo (1984) equiparam-no a um conceito intitulado eficácia pessoal do ensino. A eficácia pessoal do ensino é a convicção de que o professor tem as capacidades necessárias para facilitar uma mudança positiva na aprendizagem dos alunos.

Auto-eficácia do professor em serviço

Os comportamentos adoptados pelos professores e as suas práticas de tomada de decisão são regidos pelo nível de auto-eficácia do professor (Almog & Shechtman, 2007). Um elevado nível de auto-eficácia do professor tem demonstrado afetar muitos domínios no ambiente escolar dos educadores gerais. Uma elevada auto-eficácia tem correlações positivas com o aumento do sucesso académico, com o aumento da dedicação do professor e com a redução do número de encaminhamentos para serviços de educação especial (Viel-Ruma et al., 2010). Taxas elevadas de auto-eficácia também se correlacionam inversamente com relatos de esgotamento na sala de aula (Friedman, 2003).

Os professores com atitudes positivas têm geralmente níveis elevados de auto-eficácia, acreditando que têm capacidade para ensinar um aluno com deficiência (Berry, 2010; Lifshitz et al., 2004). Soodak e Podell (1993) sugerem que níveis elevados de auto-eficácia do professor resultam na colocação inicial do aluno numa sala de aula de ensino geral em vez de num ambiente mais restrito. Pelo contrário, os professores com menor sentido de auto-eficácia acreditam que os alunos com deficiência não devem ser educados na sala de aula de ensino geral, uma vez que podem reduzir a aprendizagem dos outros alunos (Lopes et al., 2004).

Outros estudos demonstraram que a diferença de eficácia contribui para a atribuição dos problemas dos alunos. Os professores com taxas elevadas de auto-eficácia atribuem os problemas dos alunos ao ambiente, ao contrário dos professores com taxas mais baixas de auto-eficácia, que atribuem os problemas dos alunos ao próprio professor (Brophy & McCaslin, 1992; Jordan et al., 1993).

A auto-eficácia também tem um impacto no educador especial. Os professores de educação especial com taxas mais elevadas de auto-eficácia planeiam práticas de ensino a um ritmo mais elevado e são mais organizados (Allinder, 1994). Viel-Ruma et al. (2010) realizaram um estudo para examinar a relação entre a auto-eficácia e a satisfação no trabalho entre os professores de educação especial. Os autores supuseram que, uma vez que a auto-eficácia foi demonstrada na investigação como um preditor de satisfação no trabalho para educadores gerais, a relação pode existir também para educadores especiais. De facto, os resultados indicaram uma relação significativa entre a auto-eficácia e a satisfação profissional dos professores do ensino especial.

Almog e Shechtman (2007) realizaram um estudo para examinar a relação entre a eficácia e o estilo de lidar com a situação, identificado pela utilização de respostas úteis a alunos do ensino especial com problemas de comportamento. O estudo envolveu 33 professores do ensino geral em Israel, com três a cinco alunos com necessidades especiais em cada sala de aula. Cada professor preencheu um questionário sobre a sua auto-eficácia num contexto de aprendizagem. Participaram também em entrevistas nas quais foram apresentadas vinhetas que descreviam cenários hipotéticos. Finalmente, os professores foram observados nas suas salas de aula para verem as respostas reais a comportamentos problemáticos. Os resultados indicaram que os professores com taxas mais elevadas de auto-eficácia tendem a utilizar respostas e estratégias úteis durante situações hipotéticas em todos os tipos de incidentes, exceto quando os alunos estão em risco de insucesso. No que diz respeito às situações reais de sala de aula, os resultados revelaram correlações positivas entre taxas elevadas de eficácia e respostas úteis dadas aos alunos relativamente à impulsividade e aos comportamentos passivo-agressivos.

Auto-eficácia e atitude dos professores em início de carreira

O sentimento de auto-eficácia desenvolve-se ao longo do período de formação dos futuros professores. Lin, Gorrell e Taylor (2002) estudaram professores americanos em formação e determinaram que, entre o início e o fim da sua formação, a sua auto-eficácia aumentou. Outras investigações demonstraram a ligação entre a auto-eficácia e a atitude. Berry (2010) realizou um estudo para examinar o papel da auto-eficácia no desenvolvimento da atitude de um professor em formação. Os resultados corroboraram estudos anteriores de Carroll et al. (2003) e Taylor e Sobel (2001) que indicavam uma falta de confiança nas suas capacidades para ensinar num ambiente inclusivo. Mais especificamente, Berry demonstrou atitudes positivas entre os professores em início de carreira, mas a inexperiência e a falta de conhecimentos levaram à ansiedade e à preocupação com a inclusão de alunos com deficiência. Berry (2010) concluiu o estudo com sugestões para aumentar a auto-eficácia dos professores em formação, ilustrando os sucessos anteriores dos professores em formação na utilização de estratégias de ensino eficazes com alunos do ensino geral.

Inclusão

A colocação de um aluno portador de deficiência num estabelecimento de ensino é feita pelo comité de Admissões, Análise e Despedimento (ARD), formado para tomar decisões relativas à educação do aluno portador de deficiência. O comité ARD inclui os pais do aluno, um professor do ensino geral, se a criança for servida no ensino geral, um professor do ensino especial, um representante do distrito escolar, alguém capaz de interpretar os dados da avaliação, outros peritos relacionados, se necessário, e, quando apropriado, o aluno (Código

Administrativo do Texas, Regra 89. 1050).

Entre as muitas responsabilidades do comité ARD, uma inclui determinar o melhor local onde o aluno será educado. A Lei dos Indivíduos com Deficiências (IDEA) tem diretrizes específicas segundo as quais as comissões ARD devem tomar uma decisão de colocação. A IDEA refere-se à colocação de um aluno portador de deficiência no Ambiente Menos Restritivo (LRE), definido como "uma forte preferência, não um mandato, para educar crianças portadoras de deficiência em turmas regulares juntamente com os seus pares sem deficiência" (71 Fed. Reg. 46585). Segue-se uma explicação mais pormenorizada:

(i) Na medida do possível, as crianças com deficiência, incluindo as crianças em instituições públicas ou privadas ou noutras estruturas de acolhimento, são educadas com crianças sem deficiência; e

(ii) As turmas especiais, a escolaridade separada ou outro tipo de remoção de crianças com deficiência do ambiente educativo regular só ocorre se a natureza ou gravidade da deficiência for tal que a educação em turmas regulares com a utilização de ajudas e serviços suplementares não possa ser alcançada de forma satisfatória [§300. 114(a)].

História da inclusão

O conceito de inclusão é relativamente novo. As pessoas com deficiências de desenvolvimento experimentaram uma vasta gama de opções educativas e de tratamento, desde a institucionalização até ao que se vê atualmente nas salas de aula. A opinião popular durante o final do século XIX até meados do século XX manteve uma orientação baseada em instalações para as pessoas com deficiência (Beirne-Smith, Patton & Kim, 2006). A segregação era considerada a única opção viável para interromper a perpetuação do património genético responsável pela criação de indivíduos com tais anomalias. Pensava-se que, ao segregar homens e mulheres durante os anos férteis, a possibilidade de produzir crianças "débeis mentais" diminuiria.

Estes pensamentos prevaleceram até ao início do século XX, altura em que o movimento dos testes começou e acabou por mudar a opinião das pessoas. Binet e Simon desenvolveram um teste de inteligência em França para identificar as crianças que poderiam beneficiar de uma instrução especificamente concebida para responder às suas necessidades educativas específicas. O teste acabou por ser traduzido para inglês por Goddard em 1911 e aperfeiçoado por Terman em 1916, abrindo a porta a ideais mais alargados relativamente à educação de crianças com deficiência.

Nas décadas seguintes, surgiram muitas oportunidades para encarar as pessoas com deficiências de desenvolvimento de uma forma mais adequada. A educação especial tornou-se uma profissão reconhecida em 1922, quando foi criada uma organização internacional destinada à educação de crianças com deficiências. A organização é atualmente conhecida como o Conselho para Crianças Excepcionais. À medida que o tempo avançava, em meados do século, as escolas adoptaram uma orientação baseada em serviços para as crianças com deficiência. O objetivo era dotar as crianças das competências necessárias para transitarem das escolas públicas para uma vida independente. Foi durante este período que se desenvolveram as salas de aula autónomas, bem como um conjunto contínuo de serviços oferecidos às crianças com deficiência. Este continuum incluía salas de aulas autónomas, bem como salas de recursos e oficinas protegidas. A Lei Pública 94-142 foi aprovada em 1975, garantindo o direito a um ensino público gratuito e adequado (FAPE) às crianças com deficiência. A maioria das crianças com atraso mental passava, pelo menos, metade do dia escolar em salas de aula autónomas e a outra metade em estabelecimentos de ensino geral. No entanto, a colocação no ensino geral limitava-se essencialmente à colocação física na sala de aula, por oposição à instrução relacionada com o conteúdo.

Em meados da década de 80, a tónica passou a ser colocada num modelo baseado em apoios, com elevadas expectativas orientadas para os conteúdos dos alunos com deficiência. O novo modelo promoveu a inclusão de crianças com deficiência no contexto do ensino geral com os apoios necessários para uma educação adequada. Esta grande expetativa foi ainda expressa na Lei sobre a Educação dos Indivíduos com Deficiência (1990, 1997, 2004), que reforçou as exigências de inclusão das crianças com deficiência. A principal preocupação da inclusão é trazer a assistência necessária para a sala de aula geral, em vez de retirar a criança dos seus pares da mesma idade para acomodar as suas necessidades educativas especiais (Kilanowski-Press, Foote & Rinaldo, 2010).

O objetivo da inclusão não é apenas sistémico; é também permitir que todos os alunos participem em actividades de valor (Reindal, 2010), criando assim um objetivo secundário da inclusão. A Lei Nenhuma Criança Será Deixada para Trás (NCLB; Departamento de Educação dos EUA [USDOE], 2002) exige que os professores sejam altamente qualificados nas suas respectivas áreas de conteúdo (Kilanowski-Press, et al., 2010). Consequentemente, muitos professores de educação especial não cumprem as expectativas da lei simplesmente devido à sua certificação de professor. A maioria dos professores de ensino especial possui certificações gerais de ensino especial sem especializações numa área de conteúdo. Por conseguinte, os alunos identificados como necessitando de serviços de ensino especial devem ser ensinados por um professor que mantenha o estatuto de altamente qualificado nesse conteúdo específico. Isto exige que os alunos com deficiência sejam colocados em ambientes de ensino geral para cursos de conteúdo quando os educadores especiais não são certificados em conteúdo. Idealmente, um educador especial também será designado para o curso de conteúdo específico para colaborar com o professor de educação geral, promovendo a possibilidade de sucesso do aluno com necessidades especiais.

Benefícios da inclusão

Apesar das preocupações expressas pelos professores em relação à prática da inclusão, muita investigação tem sido efectuada sobre o sucesso das práticas de inclusão (McLeskey, Rosenberg, & Westling, 2010). Os benefícios da inclusão afectam as crianças com e sem deficiência. Os alunos com deficiência demonstram benefícios nas áreas do comportamento e das competências sociais. Os benefícios comportamentais incluem a redução dos comportamentos estereotipados, o aumento das capacidades de autoajuda, a aceitação da transição e das perturbações da rotina e a independência (Eldar, Talmor, & Wolf-Zukerman, 2010). As crianças com deficiência fazem grandes progressos a nível social quando totalmente incluídas num contexto de ensino geral, demonstrando um maior envolvimento, competências mais desenvolvidas na formação de amizades, e dão e recebem maiores apoios sociais (Eldar et. al., 2010). A investigação demonstrou que os alunos com deficiência aumentam a autoestima, contribuem para o desenvolvimento de amizades e aumentam o estatuto social entre pares em salas de aula inclusivas (Boutot & Bryant, 2005; Freeman & Alkin, 2000; Salend & Duhaney, 1999). Sun (2007) referiu que existe uma maior probabilidade de um aluno com necessidades especiais viver de forma independente se participar mais frequentemente em contextos educativos gerais do que em programas de retirada.

Os alunos sem deficiência beneficiam da inclusão através da aceitação das diferenças entre pares, de uma maior compreensão das deficiências, da autoestima adquirida ao ajudar os outros e da reciprocidade de amizades com alunos com deficiência (Boutot & Bryant, 2005; Burstein, Sears, Wilcoxen, Cabello, & Spagna, 2004; Galucci & Schwartz, 2004; Salend & Duhaney, 1999). Jones (2007) realizou um estudo qualitativo centrado especificamente em alunos com desenvolvimento típico selecionados para serem tutores de pares de crianças com autismo. As crianças foram entrevistadas após o estudo. Os colegas tutores obtiveram muitos benefícios pessoais, incluindo "uma melhor compreensão do autismo, sentem-se bem consigo próprios, são mais responsáveis, reconhecem a sorte que têm e não tomam as coisas como garantidas" (p. 6). Outras investigações descreveram os benefícios da melhoria dos hábitos de trabalho, da autoconfiança, do comportamento nas tarefas e das actividades de risco devido à inclusão de alunos com necessidades especiais (Dore, Dion, Wagner, & Brunet, 2002; Foreman, Arthur-Kelly, Pascoe, & King, 2004; Waldron, McLeskey, & Pacchiano, 1999).

Uma grande preocupação entre muitos educadores e administradores é o impacto que a inclusão teria nos resultados dos testes de alto risco. Idol (2006) avaliou oito escolas numa cidade do sudoeste dos Estados Unidos para verificar se a inclusão estava a ocorrer em cada uma das escolas e em que medida a inclusão tinha impacto nos resultados dos testes, bem como noutros factores. Os resultados indicaram que em três dos quatro campus do ensino básico examinados, as classificações dos testes aumentaram durante um período de quatro anos. Na quarta escola, as classificações de um nível de ensino mantiveram-se inalteradas durante o período de quatro anos. Resultados semelhantes foram registados nos campus do ensino secundário incluídos no estudo.

Atitudes dos professores em serviço relativamente à inclusão

A literatura descreve muitos modelos de inclusão, incluindo o co-ensino, em que um educador geral e um educador especial partilham as responsabilidades de ensino (McLeskey et al., 2010). Noutros casos, o educador especial pode desempenhar um papel consultivo. O foco da inclusão e do seu sucesso, no entanto, não se baseia no modelo que um professor subscreve. O sucesso da inclusão tem mais a ver com as atitudes relativas à aprendizagem dos alunos adoptadas por cada uma das muitas partes envolvidas no processo escolar (Kilanowski-Press et. al, 2010). Os principais membros que contribuem para o sucesso e o fracasso da inclusão incluem o aluno, os pais, os administradores que trabalham no campus e em cargos administrativos superiores, professores de ensino geral e especial, paraprofissionais e profissionais de apoio, incluindo serviços relacionados e profissionais especializados, como professores de música e educação física. Cada membro da equipa traz consigo um conjunto pré-determinado de crenças e atitudes relativamente à melhor forma de educar um aluno com deficiência (Rose & Smith, 1992).

Muitas vezes consideradas um bom preditor de comportamento, as atitudes dos professores são há muito tempo um tópico de investigação (Fazio & Zanna, 1978). A atitude refere-se geralmente à crença de uma pessoa sobre um determinado tópico e conduz os comportamentos previstos relativamente a esse tópico (Combs et al., 2010). Ross-Hill (2009) sugere que as práticas de inclusão não podem ser bem sucedidas se não houver uma atitude positiva dos professores. Agbenyega (2007) também refere que as atitudes dos professores têm um impacto direto não só na colocação dos alunos com deficiência, mas também nos materiais e na qualidade do ensino ministrado às crianças com deficiência. A atitude de um professor terá um impacto direto na implementação de intervenções que se sabe serem bem sucedidas com crianças com deficiências como o autismo (McGregor & Campbell, 2001).

Os estudos têm produzido resultados díspares no que respeita às atitudes predominantes dos professores relativamente à inclusão de crianças com deficiência. Alguns estudos indicam que os professores têm grandes inclinações para a inclusão de crianças com deficiência (Hwang & Evans, 2011). Villa et al. (1996) inquiriram 578 professores do ensino geral sobre a sua atitude em relação à inclusão. 78,8% dos inquiridos manifestaram uma atitude positiva. Os dados adicionais sugerem que a colaboração entre os membros da equipa e o apoio administrativo foram preditores críticos de atitudes positivas entre os professores do ensino geral. Resultados semelhantes foram relatados por Scruggs e Mastropieri (1996) num inquérito muito maior que incluiu 7.385 professores de educação geral. Neste estudo, 65% dos inquiridos indicaram atitudes positivas em relação ao conceito de inclusão. Para além disso, 53,4% indicaram estar dispostos a proporcionar as adaptações necessárias aos vários alunos com deficiência das suas salas de aula. As atitudes positivas dos professores referidas em vários estudos citados também suscitam dúvidas de interpretação. Alguns professores manifestam vontade de fazer adaptações, mas demonstram que essa vontade depende da deficiência apresentada, especificamente problemas emocionais e comportamentais, surdez e défices cognitivos graves (Hwang & Evans, 2011).

Outros estudos revelaram atitudes menos positivas por parte dos professores relativamente à inclusão de alunos com deficiência. O U.S. Department of Education, Office of Special Education and Rehabilitative Services (U.S. DE OSERS, 2006) investigou as atitudes dos professores do ensino geral. Os professores indicaram uma falta de compreensão e preparação para ensinar alunos com deficiência na sua sala de aula de ensino geral.

Rose e Smith (1992) realizaram um inquérito nacional para determinar se existem obstáculos no sistema educativo que bloqueiam o processo de inclusão das crianças em idade pré-escolar. Os inquiridos incluíam educadores, pais e administradores. Foi pedido aos participantes que identificassem, de entre uma lista de potenciais barreiras, os obstáculos à colocação de crianças com deficiência em contextos de ensino geral. O obstáculo número um identificado no inquérito foi a formação e as normas do pessoal. O segundo obstáculo foi os valores e as atitudes. Uma análise mais aprofundada dos inquiridos revelou que 65% dos diretores locais do ensino especial e 100% dos pais responderam que as atitudes e os valores eram um obstáculo que contribuía para a colocação no ensino geral. Foi ainda pedido aos inquiridos que identificassem os obstáculos em termos de atitudes. As questões relacionadas com o terreno foram citadas por 29% dos participantes. A preparação dos professores foi citada por 28% dos participantes.

Outros estudos de investigação referiram várias causas de atitudes negativas dos professores relativamente à inclusão de crianças com deficiência (Beare, 1985, Norrell, 1997; Snowden, 2003). Esta negatividade é influenciada por vários factores. Block e Obrusnikova (2007) e Detres (2005) citam a preparação/formação dos professores como factores que contribuem para a atitude dos professores. Scruggs e Mastropieri (1996) efectuaram uma meta-análise de estudos realizados entre 1958 e 1995. As análises indicaram que um terço dos professores referiu falta de recursos, formação e competências necessárias para uma inclusão bem sucedida, afectando assim a atitude dos professores.

Outros estudos examinaram a gravidade da deficiência e o conforto em trabalhar com pessoas com deficiência e concluíram que isso também afectava a negatividade dos professores (Gary, 1997; Scruggs & Mastropieri, 1996). Downing (2004) e Campbell (2003) citaram o comportamento como uma barreira à inclusão bem sucedida de alunos com deficiência, afectando assim a atitude do professor em relação à inclusão de alunos com deficiência na sala de aula do ensino geral. Robertson, Chamberlain e Kasari (2003) examinaram questões relacionais entre professores e crianças com autismo. Algumas crianças com deficiência, em particular com autismo, têm frequentemente vários níveis de preocupações comportamentais. Os investigadores utilizaram uma Escala de Relação Estudante-Professor (Pianta, 1992) para medir a relação existente entre o professor e o aluno com autismo. Os resultados indicaram que os alunos com problemas de comportamento mais significativos mantinham relações de menor qualidade com os professores. Os investigadores observaram que existiam relações tensas entre os professores e as crianças com desenvolvimento típico que apresentavam problemas de comportamento. Eldar et al. (2010) realizaram um estudo qualitativo que envolveu coordenadores de inclusão que serviam para a transição de crianças para contextos de ensino geral. Um fator que contribuiu para uma atitude negativa em relação à inclusão foi a recusa dos principais membros da equipa em aceitar a criança como um membro contribuinte da sala de aula. Um participante comentou: "...a professora da sala de aula é horrível. Não está emocionalmente disponível para a inclusão e dá a sensação de que deve ser saudada pelo facto de ter concordado em ter uma criança destas sob os seus cuidados" (Eldar et al., 2010, p. 105).

Atitudes dos professores em formação relativamente à inclusão

A atitude de um professor em formação pode ser um bom indicador de comportamentos futuros no que diz respeito à inclusão de um aluno com uma perturbação, especificamente o autismo. Os estudos apresentam resultados mistos relativamente às atitudes dos professores em formação em relação à inclusão. Vários estudos internacionais sobre professores em formação indicaram atitudes fracas (Alghazo, Dodeen & Alyaryouti, 2003; Ellins & Porter, 2005; Romi & Leyser, 2006; Sharma & Desai, 2003), enquanto que os professores em formação no Reino Unido indicaram atitudes positivas em relação à inclusão (Avramidis et al., 2000).

Ryan (2009) realizou um estudo para analisar as atitudes dos professores em formação relativamente à inclusão. Ryan definiu atitude como um traço com múltiplos componentes, incluindo cognição, afeto e comportamento. A cognição inclui as crenças e o conhecimento de uma pessoa sobre um assunto que influencia o afeto, a posição emocional e o comportamento de uma pessoa, e as acções físicas em que uma pessoa se envolve. Este estudo incluiu estudantes que tinham participado numa formação alargada sobre inclusão como parte do seu programa de preparação. Os resultados indicaram uma atitude positiva em relação à inclusão, com ressalvas que sugerem que eles preteririam uma formação adicional.

Park, Chitiyo e Choi (2010) realizaram uma investigação para examinar as atitudes dos professores em formação relativamente à inclusão de crianças com autismo. Os resultados indicaram que os professores em formação mantinham atitudes positivas elevadas, medidas pela Escala de Atitudes em relação ao Autismo para Professores (AAST). Uma investigação mais aprofundada revelou que os professores em início de carreira cuja formação era em educação especial tinham taxas mais elevadas de atitude positiva do que os estudantes cuja formação era em educação geral.

Silverman (2007) examinou a relação entre a atitude dos professores em início de carreira relativamente à inclusão e as suas crenças epistemológicas. As crenças epistemológicas foram definidas como "crenças sobre o conhecimento e a aprendizagem" (Silverman, 2007, p. 43). O estudo incluiu 71 professores em formação em programas de certificação de nível de mestrado e de licenciatura. Os participantes preencheram inquéritos que mediam as crenças epistemológicas e as atitudes em relação à inclusão. Os resultados indicaram fortes correlações entre crenças epistemológicas elevadas e atitudes elevadas, sugerindo que os professores com fortes crenças sobre a aprendizagem e o conhecimento têm maior probabilidade de persistir no processo necessário para ensinar alunos com deficiência em contextos inclusivos.

Perturbações do espetro do autismo

A prevalência das Perturbações do Espectro do Autismo tem vindo a aumentar desde 1943, quando Leo Kanner descreveu a perturbação pela primeira vez (Kanner, 1943). Na altura do reconhecimento inicial da perturbação, a opinião sobre a presença de autismo num indivíduo era diferente da que se conhece atualmente. Os especialistas acreditavam que o autismo era de natureza categórica. Uma pessoa podia ser diagnosticada como tendo definitivamente autismo ou, em alternativa, como não tendo autismo (Baron-Cohen, 2008). Na altura, pensava-se que a prevalência do autismo era de 4 em cada 10.000 pessoas (Baron-Cohen, 2008) e estava limitada ao que é considerado autismo clássico. A Dra. Lorna Wing refutou a natureza categórica do autismo e sugeriu que o autismo clássico era mais um distúrbio do espetro e representava 10-20 por 10.000 indivíduos (Wing & Gould, 1979).

O Manual de Diagnóstico e Estatística das Perturbações Mentais, 4ª edição (DSM-IV) define a perturbação autista do seguinte modo

A.   Um total de seis (ou mais) itens de (1), (2) e (3), com pelo menos dois de (1) e um de (2) e (3):

(1)   deficiência qualitativa na interação social, manifestada por, pelo menos, dois dos seguintes aspectos

(a)   perturbação acentuada na utilização de múltiplos comportamentos não verbais, como o olhar fixo, a expressão facial, as posturas corporais e os gestos para regular a interação social

(b) incapacidade de desenvolver relações entre pares adequadas ao nível de desenvolvimento

(c) falta de procura espontânea de partilha de prazeres, interesses ou realizações com outras pessoas (por exemplo, falta de mostrar, trazer ou apontar objectos de interesse)

(d) falta de reciprocidade social ou afectiva

(2) deficiências qualitativas na comunicação, manifestadas por, pelo menos, um dos seguintes factores

(a) atraso ou ausência total de desenvolvimento da linguagem oral (não acompanhado de uma tentativa de compensação através de modos alternativos de comunicação, como gestos ou mímica)

(b) em indivíduos com uma fala adequada, uma diminuição acentuada da capacidade de iniciar ou manter uma conversa com os outros

(c) utilização estereotipada e repetitiva da linguagem ou linguagem idiossincrática

(d) ausência de brincadeiras de faz-de-conta variadas e espontâneas ou de brincadeiras de imitação social adequadas ao nível de desenvolvimento

(3) padrões restritos, repetitivos e estereotipados de comportamento, interesses e actividades, manifestados por pelo menos um dos seguintes aspectos

(a) preocupação com um ou mais padrões estereotipados e restritos de interesse que é anormal em intensidade ou foco

(b) adesão aparentemente inflexível a rotinas ou rituais específicos e não funcionais

(c) maneirismos motores estereotipados e repetitivos (por exemplo, bater ou torcer as mãos ou os dedos, ou movimentos complexos de todo o corpo)

(d) preocupação persistente com partes de objectos

B. Atrasos ou funcionamento anormal em pelo menos uma das seguintes áreas, com início antes dos 3 anos de idade: (1) interação social, (2) linguagem utilizada na comunicação social, ou (3) jogo simbólico ou imaginativo.

C. A perturbação não é melhor explicada pela Perturbação de Rett ou pela Perturbação Desintegrativa da Infância. (American Psychiatric Association, 1994, Diagnostic and Statistical Manual of Mental Disorders, p. 70-71).

A investigação sobre a prevalência do autismo continuou ao longo das décadas, com taxas cada vez mais elevadas. No período de 2000, os Centros de Controlo de Doenças (CDC) indicaram uma taxa de prevalência entre as crianças de oito anos de idade de, em média, 6,7 por 1.000 crianças. Em 2006, a taxa de prevalência era de aproximadamente uma em cada 110 crianças com uma perturbação do espetro do autismo (Rice, 2007). Mais recentemente, foi realizado um estudo na Coreia que incidiu sobre todas as crianças da população escolar elementar de uma região, incluindo crianças sem perturbações autistas conhecidas e aquelas com uma elevada probabilidade de terem uma perturbação. Os resultados indicaram uma taxa de prevalência de 2,64% (Kim et. al., 2011). Os resultados concluíram que, dos alunos do ensino básico identificados com uma perturbação do espetro do autismo, dois terços estavam incluídos na população típica da sala de aula. As crianças estavam a ser educadas entre os seus pares típicos, sem deficiência, embora não tivessem sido diagnosticadas com autismo. Os investigadores concluíram que a deteção e a avaliação precoces eram cruciais (Kim et. al, 2011).

Prevalência das perturbações do espetro do autismo no Texas

As escolas do Texas registaram o mesmo aumento da prevalência das perturbações do espetro do autismo que se verificou nos dados nacionais. As Agências Locais de Educação (LEAs) comunicam à Agência de Educação do Texas (TEA) o número de crianças que recebem serviços de educação especial de acordo com a sua categoria de elegibilidade primária. Muitas crianças portadoras de deficiência têm condições co-mórbidas para além da perturbação inicial. No entanto, para efeitos de dados, apenas é comunicada a deficiência primária. O Texas registou um aumento de 313% de crianças no ensino especial com uma elegibilidade primária de autismo. Em 2001, havia 7.156 crianças com autismo no estado. Este número aumentou para 29.536 em 2010 (TEA, 2011). Uma análise mais aprofundada dos dados revela que dos 29.536 alunos com elegibilidade para o autismo, cerca de 20% foram educados numa escola de ensino geral

sala de aula e não foram retirados durante mais de 21% do dia. Aproximadamente um terço foi educado numa sala de aula de recursos durante 21-60% do dia escolar e outro terço foi educado numa sala de aula autónoma durante mais de 60% do dia escolar. Os restantes 20% das crianças foram educadas noutros contextos, incluindo programas pré-escolares, em casa, programas vocacionais, instituições residenciais e escolas públicas.

Desenvolvimento profissional e atitude

Os professores do ensino geral em serviço têm múltiplas oportunidades de participar no desenvolvimento profissional através do seu distrito e campus, centros de serviços regionais ou através de conferências concebidas e produzidas comercialmente. DeSimone e Parmar (2006) referiram os efeitos positivos do desenvolvimento profissional na eficácia dos professores relativamente ao ensino de alunos com dificuldades de aprendizagem. No entanto, o estudo também revelou o número limitado de oportunidades de formação em que os professores participaram efetivamente. Num inquérito, 43% dos professores de matemática do ensino geral participaram em menos de três sessões de formação de desenvolvimento profissional. Os comentários dos participantes sugeriam que as sessões não eram úteis, uma vez que não forneciam estratégias de ensino para ensinar alunos com dificuldades de aprendizagem. Com base nesta informação, Kosko e Wilkins (2009) examinaram a correlação entre o número de horas de desenvolvimento profissional e a perceção de auto-eficácia dos professores em serviço. Os resultados indicaram que qualquer quantidade de desenvolvimento profissional aumentava a perceção de auto-eficácia; no entanto, pelo menos oito horas de desenvolvimento profissional tendiam a duplicar os níveis de auto-eficácia. Este estudo demonstrou o valor do desenvolvimento profissional para os professores em serviço, mas esclareceu as dificuldades evidentes em proporcionar um desenvolvimento suficiente depois de o professor ter concluído um programa de preparação de professores. Além disso, um aumento da auto-eficácia após o desenvolvimento profissional também resultaria num aumento da atitude, tal como descrito na literatura.

Os professores em serviço têm poucas oportunidades de desenvolver atitudes positivas em relação à inclusão de alunos com deficiência; por isso, o programa de formação para professores em início de carreira é a melhor forma de garantir que os professores desenvolvem a atitude necessária para ensinar eficazmente numa sala de aula inclusiva (Sharma et al, 2006). No entanto, os programas de preparação de professores oferecem geralmente uma exposição limitada sobre o ensino de alunos com autismo e outras deficiências de desenvolvimento a alunos do ensino geral (Sharma et al., 2008). A maioria das escolas exige um curso sobre excepcionalidades para professores em formação do ensino geral. O curso é frequentemente concebido de forma a atribuir uma semana de instrução a cada um dos 13 rótulos categóricos do ensino especial. A investigação demonstrou que a formação pode ter um impacto direto no sentimento de auto-eficácia do professor (Berry, 2010). A formação sobre deficiências específicas tem sido demonstrada em muitos estudos como um fator que contribui constantemente para a atitude dos professores em relação à instrução inclusiva (Avramidis & Norwich, 2002; Center & Ward, 1987; Hastings & Graham, 1995; Loreman & Earle, 2007; Loreman, Forlin, & Sharma, 2007; Sharma et al., 2006; Subban & Sharma, 2006).

Jenkins e Ornelles (2007) desenvolveram um instrumento de inquérito para medir a confiança dos professores em formação no apoio a alunos com deficiência. O inquérito foi administrado a dois grupos diferentes na Universidade do Havai. Os participantes eram alunos do ensino geral ou estavam num programa de dupla certificação. Os participantes no programa de ensino geral deram respostas significativamente mais baixas em todas as áreas, demonstrando níveis de confiança mais baixos no trabalho com alunos com deficiência. O inquérito foi posteriormente administrado a professores em serviço no Havai para examinar os níveis de confiança no ensino de alunos diversos. O estudo incluiu 827 professores do ensino geral e do ensino especial. Além disso, os investigadores examinaram os níveis de confiança em função dos anos de serviço, com grupos que incluíam zero a três, quatro a oito, nove a 15 e mais de 16 anos de experiência. Os resultados indicaram que os anos de experiência não afectam o nível de confiança dos professores. Os investigadores sugeriram que os professores precisam de desenvolvimento profissional no início da sua carreira para desenvolver a auto-eficácia necessária para instruir alunos diversos (Jenkins & Ornelles, 2009).

Desenvolvimento profissional e atitudes dos professores em início de carreira

A formação de professores em formação sobre diferentes tipos de deficiência, bem como o ensino de estratégias que se revelaram eficazes para determinadas caraterísticas de deficiência, pode resultar num aumento positivo da atitude em relação à inclusão (Sze, 2009). Cook (2002) realizou um estudo para examinar as atitudes dos professores em formação relativamente à inclusão de crianças com deficiência, não especificamente com autismo. Os alunos do estudo participaram em cursos de educação geral que incluíam conceitos típicos da educação especial no conteúdo. O investigador examinou os efeitos resultantes dos conceitos de educação especial infundidos no conteúdo do ensino geral sobre as atitudes dos professores em formação. À semelhança de Scruggs e Mastropieri (1996), os resultados demonstraram que a atitude depende da deficiência apresentada. Além disso, os participantes indicaram que a sua formação inicial não era adequada para os preparar para ensinar alunos com diversidade nas suas salas de aula.

Silverman (2007) identificou as necessidades de formação dos professores em início de carreira relativamente a atitudes e crenças. A formação deve incluir a colaboração entre educadores gerais e especiais e os seus respectivos papéis, reforçando as crenças epistemológicas, e uma forma de relacionar as crenças com as necessidades dos alunos com deficiência, resultando em atitudes melhoradas e maior auto-eficácia. Sims e Lorenzi (1992) sugerem que a formação que envolve persuasão social em combinação com modelação e aprendizagem vicariante é eficaz no desenvolvimento da auto-eficácia.

Uma pesquisa nas bases de dados Education Research Complete, Academic Search Complete, ERIC, Professional Development Collection, PsycARTICLES, PsycBOOKS, Psychology and Behavioral Sciences Collection e PsycINFO, utilizando as palavras-chave "autism", "professional development" e "attitude", apenas permitiu obter um artigo de investigação e três dissertações. Uma análise mais aprofundada do artigo e das dissertações conduziu a poucos trabalhos adicionais relativos à inclusão de alunos com outras deficiências e às atitudes dos professores em formação.

Leblanc, Richardson e Burns (2009) sugerem que a compreensão das especificidades do autismo é crucial, dadas as taxas de prevalência registadas em várias instituições. Os professores que trabalham com crianças com autismo devem ter formação adequada e suficiente (Jennett, Harris, & Mesibov, 2003). Leblanc et al. (2009) realizaram um estudo no qual a atitude e o nível de conhecimento dos professores do ensino secundário foram examinados antes e depois de um total de três horas e 20 minutos de formação durante um período de dois meses. A formação consistia em duas partes. A primeira sessão de formação centrou-se nas caraterísticas das PEA, nos estilos de comunicação e na análise comportamental aplicada. A segunda sessão de formação centrou-se no comportamento, nas competências sociais e na ansiedade demonstrada pelos alunos com PEA. Leblanc (2009) utilizou o Inventário de PEA desenvolvido pelo SSP-ASD da Algonquin Child and Family Services neste estudo. O instrumento mede principalmente a obtenção de conhecimentos técnicos relacionados com as PEA. Apenas as três primeiras perguntas do instrumento medem a atitude em relação aos alunos com autismo. Os resultados indicaram que as atitudes e as percepções dos professores de certificação secundária em serviço demonstraram um aumento significativo após a formação. Além disso, os conhecimentos técnicos dos professores em exercício, definidos como conhecimentos sobre as PEA, registaram um aumento significativo após a formação. Finalmente, os resultados indicaram um aumento significativo nos conhecimentos dos professores em exercício sobre estratégias de ensino comportamental.

de Boer Ott (2005) examinou a formação dos professores e as suas atitudes relativamente à inclusão de alunos com autismo nas salas de aula do ensino geral. Os resultados revelaram que os professores precisam de apoio em vários domínios, incluindo informação sobre perturbações específicas, formação para a colocação de alunos, inclusão, avaliação e apoio na sala de aula. Os resultados confirmaram a necessidade de formação explícita na área do autismo para professores em formação e em serviço.

O desenvolvimento profissional é ainda mais encorajado e mesmo exigido aos professores de alunos com perturbações do espetro do autismo no Texas. O Código Administrativo do Texas (§89.1055) especifica 11 estratégias para a instrução de alunos com autismo. Uma estratégia incluída no regulamento é o apoio geral e específico dos profissionais e educadores. A formação geral relacionada com a perturbação inclui técnicas, estratégias e implementação do Plano de Ensino Individualizado (IEP). A formação específica inclui apoio e formação sobre um determinado aluno e as necessidades específicas desse aluno. O estado do Texas considera a formação de carácter geral, bem como a específica para um aluno, suficientemente importante para ser incluída nas Regras do Comissário no Código Administrativo do Texas. Outra estratégia estabelecida nas Regras do Comissário diz respeito à utilização de estratégias de ensino baseadas na investigação e revistas por pares, na medida do possível. Este requisito não se refere especificamente ao desenvolvimento profissional; no entanto, a implicação é que os professores teriam de ser formados para implementar técnicas baseadas na investigação com fidelidade.

Conclusão

As crianças com autismo representam um desafio único para o professor do ensino geral. A falta de conhecimentos pode criar receios da incerteza e resultar numa falta de auto-eficácia para realizar as tarefas necessárias para ensinar alunos com necessidades especiais. O National Research Council (2001) identificou nove componentes de programas eficazes para alunos com perturbações do espetro do autismo. Entre esses componentes está o pessoal treinado. É crucial desenvolver um sentido de auto-eficácia que conduza a atitudes positivas nos professores durante a sua formação preparatória, de modo a criar uma base para uma carreira de sucesso. A literatura oferece alguns exemplos de formação de professores antes da entrada em serviço, desde sessões curtas de desenvolvimento profissional de três horas e 20 minutos (Leblanc et al., 2009) até à infusão de tópicos de educação especial nas aulas de educação geral (Cook, 2002). Cada tipo de formação produziu resultados semelhantes, sugerindo a necessidade de formação específica sobre perturbações durante os anos de pré-serviço e o consequente efeito na atitude. Este estudo tem como objetivo contribuir para a literatura, examinando as atitudes dos professores em formação antes e depois do desenvolvimento profissional específico sobre as caraterísticas das perturbações do espetro do autismo, bem como as estratégias para incluir os alunos com PEA na sala de aula do ensino geral.

Este objetivo será alcançado através da oferta de uma sessão de formação de desenvolvimento profissional de duas horas e 30 minutos dirigida a professores em início de carreira, centrada nas caraterísticas das perturbações do espetro do autismo, utilizando estratégias eficazes baseadas na investigação para incluir os alunos com autismo, tal como previsto no Código Administrativo do Texas.

CAPÍTULO 3

Métodos

O presente estudo é um projeto experimental para examinar as atitudes dos professores em formação relativamente à inclusão de alunos com autismo na sala de aula do ensino geral, após um desenvolvimento profissional orientado para o espetro do autismo. Embora exista muita investigação sobre as caraterísticas do autismo, as atitudes dos professores e a inclusão em geral, há uma lacuna na literatura existente quando se combinam as três especificidades. Existe uma literatura mínima sobre as atitudes dos professores em formação relativamente à inclusão de alunos com autismo e o efeito que o desenvolvimento profissional tem na sua atitude. O capítulo três descreve a metodologia utilizada neste estudo sobre as atitudes dos professores em início de carreira relativamente à inclusão de crianças com autismo numa sala de aula de ensino geral.

A questão de investigação era a seguinte Será que as atitudes dos professores em início de carreira melhoram após um desenvolvimento profissional direcionado para a inclusão de alunos com autismo?

Conceção da investigação

Este estudo utilizou uma conceção experimental para examinar a mudança de atitudes sobre a inclusão de alunos com autismo na sala de aula do ensino geral de professores em formação que participaram num desenvolvimento profissional orientado para o autismo. Os estudos experimentais são realizados quando os indivíduos são colocados em grupos com base numa atribuição aleatória (Kirk, 1995). Os participantes foram distribuídos aleatoriamente por dois grupos diferentes: um grupo experimental que recebeu o tratamento de desenvolvimento profissional específico e orientado e um grupo de controlo que não recebeu o tratamento. A variável dependente neste estudo foi a atitude dos participantes, tal como relatada no Inquérito sobre a Atitude dos Professores face à Inclusão (TATIS) (Anexo A). A variável independente foi a participação ou não participação no desenvolvimento profissional específico sob a forma de uma sessão de formação de duas horas e 30 minutos. O instrumento TATIS foi administrado duas vezes antes do desenvolvimento profissional e novamente duas vezes após o desenvolvimento profissional.

Participantes

Os participantes eram alunos de licenciatura em educação com um certificado em ensino básico, secundário, especial ou outros certificados numa pequena universidade privada no centro do Texas. Um total de 65 professores em exercício concordaram em participar no estudo. Entre eles, 15 licenciaturas em ensino básico, 11 licenciaturas em ensino secundário, 12 licenciaturas em ensino especial ou estudos interdisciplinares e 27 licenciaturas noutras áreas de todos os níveis, como educação física, educação musical ou educação artística. O curso de estudos interdisciplinares é um curso de educação através do qual os alunos se certificam tanto no ensino básico como no ensino especial. Além disso, os estudantes estão preparados para acrescentar o suplemento Inglês como Segunda Língua aos seus certificados. A idade dos participantes variava entre os 20 e os 45 anos, com 80% entre os 20 e os 25 anos. Os seniores representavam 75% dos participantes. Os restantes 25% eram juniores. As mulheres contribuíram com 68% da população da amostra. Os homens contribuíram com os restantes 32%.

Todos os participantes neste estudo tinham completado um curso sobre excepcionalidades, que é um curso exigido para todos os cursos de educação. Esta disciplina introduziu os licenciados em educação aos 13 rótulos categóricos para elegibilidade para o ensino especial no Texas, incluindo as perturbações do espetro do autismo. Esta foi a única disciplina dos cursos de educação geral que incluía material relacionado com formação específica em questões de educação especial. Como tal, os alunos que frequentaram este curso tinham pelo menos uma compreensão mínima das perturbações, especificamente do autismo, e da influência que uma perturbação tinha na gestão do contexto do ensino geral. Os participantes que se licenciaram em educação especial frequentaram até cinco cursos concebidos para educadores especiais em pré-serviço. Partiu-se do princípio de que os licenciados em educação especial tinham conhecimentos sobre a inclusão, bem como sobre as perturbações do espetro do autismo.

Os alunos do ensino secundário e os alunos que se formam noutras áreas de todos os níveis, como arte, educação física e educação musical, frequentam apenas quatro cursos do departamento de Educação. Os cursos incluem uma introdução à educação, o curso de excepcionalidades , um curso sobre gestão da sala de aula e uma aula de currículo. Todos os outros cursos são de conteúdo específico. Um total de 65 professores em formação participaram neste estudo. Dos 65 participantes, 38 eram do ensino secundário ou de outros cursos de certificação. Os licenciados do ensino secundário representavam 11 dos 38, enquanto 27 participantes eram licenciados de outros níveis de certificação.

Estudantes do ensino geral e do ensino especial que frequentaram o curso sobre excepcionalidades e que estavam inscritos em cursos de educação na universidade na primavera

2012 foram selecionados para participar no estudo. Os professores de dois cursos de formação geral concordaram em autorizar o investigador a deslocar-se à sala de aula e a administrar o TATIS em horários específicos durante o semestre da primavera. Os cursos selecionados eram noturnos e reuniam-se às segundas e quartas-feiras à noite. Os alunos do curso de educação especial não estavam inscritos nos cursos noturnos, mas vieram independentemente para participar. O investigador compareceu em cada curso durante o período de tempo designado para administrar o TATIS e ministrar o desenvolvimento profissional. Durante a primeira visita, o investigador pediu voluntários para participarem no estudo. Os voluntários preencheram um formulário de consentimento de participação (Anexo B). No total, três alunos optaram por não participar no estudo. Os que optaram por não participar juntaram-se ao seu professor noutra sala de aula para continuar com as actividades específicas da disciplina, como habitualmente. Nove alunos não completaram as quatro administrações do TATIS. Os dados incompletos foram eliminados do estudo. Um total de 65 participantes completaram as quatro administrações do TATIS e foram incluídos nas análises de dados.

Instrumentos

Cullen e Noto (2007) desenvolveram pela primeira vez a Attitudes of Pre-Service Teachers Toward Inclusion Scale (APTAIS), que consistia num questionário do tipo Likert com 14 itens, concebido para medir as atitudes dos professores do ensino geral relativamente à inclusão de alunos com deficiência na sala de aula do ensino geral. Na sequência do desenvolvimento da APTAIS, Cullen, Gregory e Noto (2010) desenvolveram a Teacher Attitudes Toward Inclusion Scale (TATIS) para medir as atitudes dos professores em serviço e em pré-serviço relativamente à inclusão de alunos com deficiências ligeiras a moderadas na sala de aula do ensino geral. A TATIS é um questionário de 14 itens, do tipo Likert . Os participantes respondem a afirmações numa escala de 1 (Concordo fortemente) a 7 (Discordo fortemente). A validade de construção foi confirmada através de uma análise de componentes principais. Os itens do TATIS reflectiam os factores-chave que a literatura mostra serem evidentes quando um professor tem uma atitude positiva em relação à inclusão. A fiabilidade do instrumento TATIS foi confirmada através do procedimento de correlação alfa de Chronbach, tendo-se obtido um coeficiente de correlação global de 0,82.

A pontuação do TATIS envolve a obtenção de pontuações brutas para cada um dos três componentes. As pontuações brutas são combinadas para obter uma pontuação bruta total. Uma pontuação bruta baixa no TATIS indicaria que o professor tem uma atitude positiva em relação à inclusão de crianças com deficiência e apoia as práticas de inclusão.

Intervenção

O desenvolvimento profissional pode assumir muitas formas, tal como descrito na literatura. O desenvolvimento profissional oferecido neste estudo foi efectuado durante as aulas regulares do semestre da primavera. Os alunos tiveram a oportunidade de participar ou optar por não participar. Para os alunos que optaram por participar, foi necessário diferenciar este desenvolvimento profissional do trabalho típico do curso. Foram implementados vários factores para atingir este objetivo. O investigador deu a formação. O investigador tinha experiência anterior como educador regular e especial e tinha trabalhado como especialista em autismo no Centro de Serviços de Educação, Região 12. Esta experiência proporcionou ao investigador/apresentador um vasto conhecimento do assunto que pode ter excedido o conhecimento geralmente fornecido durante uma aula típica. Dada a experiência histórica do investigador, foram utilizadas experiências e exemplos do mundo real na formação. A maioria dos alunos de cada sessão de formação não conhecia o apresentador/investigador devido às suas áreas de estudo. O apresentador/investigador lecciona principalmente cursos de educação especial e a maioria dos participantes tinha outros cursos para além da educação especial.

Um fator adicional que contribuiu para a diferenciação entre este desenvolvimento profissional e a atividade típica da sala de aula foi a fonte do material utilizado na formação. O estado do Texas está dividido em 20 regiões, cada uma com um Serviço de Educação Center (ESC) para servir de ligação entre a Agência de Educação do Texas (TEA) e as agências locais de educação. Cada centro de serviços tem um consultor de educação especial que actua como especialista em autismo para essa região. Os 20 especialistas em autismo fazem parte da Texas Statewide Leadership for Autism para coordenar os serviços e a formação no estado do Texas, num esforço para racionalizar e dar prioridade às necessidades de formação. A Texas Education Agency encarregou a Texas Statewide Leadership for Autism de desenvolver módulos de formação em linha para que os professores do Texas tenham acesso a informação consistente e exacta sobre as caraterísticas das perturbações do espetro do autismo e estratégias de ensino eficazes. Um dos módulos em linha foi concebido para os professores do ensino geral e foi também desenvolvido como uma apresentação em direto. O investigador obteve autorização do diretor do Texas Statewide Leadership for Autism para utilizar a versão ao vivo do módulo para este estudo. O desenvolvimento profissional, intitulado "Autismo na sala de aula do ensino geral" foi originalmente concebido como uma apresentação ao vivo de seis horas. Uma vez que as aulas universitárias utilizadas neste estudo tinham cada uma três horas de duração, o investigador modificou a formação. O resultado

O desenvolvimento profissional consistiu numa apresentação de duas horas e 30 minutos. Os participantes receberam primeiro um calendário visual para ilustrar a estratégia necessária para muitos alunos com autismo. Os participantes assinalaram cada secção da formação após a sua conclusão. A formação começou por definir as perturbações do espetro do autismo. O investigador descreveu a investigação atual sobre o cérebro relativamente às possíveis causas e resultados para as pessoas afectadas pelo autismo. A natureza do espetro do autismo foi discutida, incluindo a perturbação desintegrativa da infância, a síndrome de Rhett, o autismo clássico, a síndrome de Asperger e a perturbação pervasiva do desenvolvimento - não especificada de outra forma. Os primeiros indicadores de autismo foram descritos na formação. O autismo foi descrito como uma tríade de deficiências que afectam a criança a nível comportamental, social e de comunicação. Foram discutidas questões sensoriais e os seus efeitos no comportamento dos alunos com autismo. Após a análise das caraterísticas do autismo, o investigador fez a transição para uma discussão sobre o valor deste conhecimento para os professores do ensino geral. As caraterísticas do autismo, tais como as deficiências sensoriais, os défices de comunicação e as preocupações comportamentais, têm um impacto na forma como os professores podem conduzir as suas aulas e nas expectativas académicas dos alunos. As diferenças de aprendizagem dos alunos com autismo foram incluídas na formação, tais como a necessidade de apoios visuais na instrução, transição, procedimentos e rotinas. Também foram incluídas na formação estratégias para desenvolver uma cultura positiva na sala de aula. Esta secção centrou-se na preparação do novo aluno com autismo, dos seus pais, através de um contacto consistente, e dos colegas sem deficiência. Foram utilizados exemplos sob a forma de vídeos, imagens e actividades ao longo da formação. Um formato geral da formação é apresentado na Tabela 1. Uma descrição completa da formação, incluindo actividades, vídeos e exemplos aplicáveis, é apresentada no Anexo D.

Quadro 1

Calendário de desenvolvimento profissional

Tema	Conteúdo
Autismo e educação geral	Natureza do espetro do autismo Subcategorias do autismo Causas
	Estatísticas
	Diagnóstico vs. elegibilidade
	Indicadores precoces comuns
	Tríade da deficiência: comunicação, social, comportamentos restritos/incomuns
	Diferenças de aprendizagem únicas: vídeo de uma criança com autismo
Cultura de acolhimento na sala de aula	Atitude positiva e de aceitação
	Envolvimento da família
	Reunir informações e uma equipa
	Preparar os alunos/pares
	Ligações curriculares
	Consideração sensorial
	Reforço/motivação
	Esperar o sucesso
Importância da comunicação	Caraterística da comunicação
	A comunicação resulta num comportamento
	Utilização/modelação da linguagem O que é que os educadores podem fazer?
Planear estratégias de ensino	Estratégias visuais
	Desenho Universal para a Instrução Estrutura na

sala de aula Competências sociais

Modelação pelos pares

Procedimentos

Foi efectuada uma análise de potência para medidas repetidas entre sujeitos, utilizando α = 0,05, potência de 0,80, *f* de Cohen de 0,3 tamanho do efeito e 0,5 correlação. O investigador não tinha conhecimento de quaisquer medidas de correlação teste-reteste do instrumento, embora se esperasse alguma correlação. Como tal, o investigador selecionou uma correlação moderada para a análise da dimensão da amostra. Utilizando estes parâmetros, a análise do poder indicou uma dimensão total da amostra de 58 participantes. Os participantes foram selecionados a partir de dois cursos que os alunos normalmente frequentam após o curso de excepcionalidades pré-requisito exigido para este estudo. O calendário de administração do TATIS e do desenvolvimento profissional é apresentado na Tabela 2. O investigador assistiu à primeira aula uma semana antes da intervenção. O investigador assistiu à segunda aula duas semanas antes da intervenção. Os voluntários foram recrutados em ambas as turmas. Os alunos que optaram por participar preencheram um questionário demográfico (Anexo C). O questionário perguntava aos participantes sobre o curso que tinham escolhido, idade, ano de escolaridade, género, oportunidades de trabalhar com alunos com autismo e outras deficiências e exposição a pessoas com autismo e outras deficiências. Em seguida, foi pedido aos alunos que preenchessem o TATIS. O investigador verificou a lista de matrículas de cada turma. Um participante estava inscrito em ambos os cursos utilizados neste estudo. Esse participante não recebeu o questionário demográfico ou o TATIS duas vezes.

Quadro 2

Calendário administrativo do TATIS e do desenvolvimento profissional

6 e 8 de fevereiro, 2012	13 e 22 de fevereiro, 2012	29 de fevereiro e 5 de março de 2012	7 e 19 de março de 2012
Os participantes preencheram formulário consentimento	Os participantes o completaram o TATIS de Participantes distribuídos	Participantes completou TATIS	Participantes completou TATIS

Os participantes preencheram um questionário demográfico	aleatoriamente por grupos		
	O grupo experimental recebeu		
Os participantes completaram o TATIS	desenvolvimento profissional numa sala de aula separada		
	O grupo de controlo continuou com as actividades normais da sala de aula		

Após a primeira visita, o investigador atribuiu aleatoriamente a cada participante um dos dois grupos de tratamento. Para o efeito, foram recolhidos todos os questionários demográficos. Os questionários foram divididos sequencialmente em três grupos. Em seguida, o investigador dividiu sequencialmente os questionários do terceiro grupo entre o primeiro e o segundo grupo. Dos dois grupos resultantes, um foi escolhido aleatoriamente para ser o grupo experimental; o outro, o grupo de controlo.

O investigador assistiu à primeira aula uma semana após a visita inicial. O investigador assistiu à primeira aula duas semanas após a primeira visita. Todos os participantes completaram o TATIS para uma segunda medida. O grupo experimental permaneceu na sala de aula para participar na formação de desenvolvimento profissional direcionada. O grupo de controlo foi para outra sala de aula semelhante com o professor do curso, onde a aula continuou como previsto. Todos os participantes, experimentais e de controlo, permaneceram nas suas respectivas sessões durante o mesmo período de tempo. Os alunos que optaram por não participar no estudo foram com o professor do curso para outra sala de aula e continuaram com as actividades regularmente programadas. Os participantes do grupo experimental não foram privados do acesso ao material do curso em virtude da sua participação no estudo. Os professores dos grupos de controlo utilizaram actividades que eram material de revisão e não forneciam novas instruções.

Os participantes no grupo experimental receberam formação profissional específica, que foi obtida junto da Texas State Autism Network. Esta formação foi desenvolvida pela Texas

Statewide Leadership for Autism e modificada pelo investigador para ser utilizada no estudo.

Três semanas após a conclusão do desenvolvimento profissional, o investigador esteve presente na primeira turma utilizada neste estudo para efetuar a terceira administração do TATIS. A segunda turma utilizada neste estudo completou o TATIS uma semana após o desenvolvimento profissional. Foi pedido aos participantes dos grupos experimental e de controlo que preenchessem novamente o inquérito TATIS como medida das atitudes após o desenvolvimento profissional. Os alunos que não participaram no estudo permaneceram na sala de aula enquanto o inquérito era preenchido. Foram necessários menos de 10 minutos para preencher o inquérito.

O investigador esteve novamente presente na primeira turma utilizada neste estudo duas semanas mais tarde para efetuar a quarta e última administração do TATIS. A segunda turma participou na quarta e última administração do TATIS uma semana após a terceira administração (Tabela 2).

Análise de dados

Foram efectuadas quatro administrações do TATIS; duas antes do desenvolvimento profissional e duas após o desenvolvimento profissional. Foram examinados os pressupostos de normalidade, homogeneidade de variância e esfericidade. Foi realizada uma ANOVA de dois factores com medidas repetidas, sendo o desenvolvimento profissional a variável independente e as pontuações médias do grupo reflectidas no TATIS a medida dependente. Foram examinadas as interações dentro e entre grupos, bem como as medidas de tamanho do efeito utilizando o eta quadrado generalizado. O eta quadrado generalizado foi descrito por Bakeman (2005) como uma medida apropriada do tamanho do efeito quando se realizam projectos de medidas repetidas. O eta quadrado generalizado considera a variância dentro dos sujeitos e entre os sujeitos no denominador. Também foram examinadas determinadas administrações, especificamente a primeira e a terceira administração do TATIS. As médias dos dois grupos de tratamento foram comparadas na primeira administração do TATIS, antes da intervenção. Uma vez que a terceira administração representava as atitudes dos participantes do grupo experimental logo após a intervenção, foi efectuado um *teste t de* médias independentes para determinar se existe um valor significativo na variância na terceira administração do instrumento TATIS. *O d* de Cohen foi utilizado como medida do tamanho do efeito.

CAPÍTULO 4

Resultados

O objetivo deste estudo era determinar se um desenvolvimento profissional orientado produziria mudanças nas atitudes dos professores em formação numa pequena universidade privada.

Participantes

Os participantes foram recrutados em dois cursos de educação ministrados durante o semestre da primavera. Foram incluídos no estudo outros participantes de um curso concebido para estudantes com formação em educação especial. Um total de 65 professores em formação participou nas quatro administrações do TATIS, que mede a atitude em relação à inclusão de crianças com autismo num contexto de ensino geral. A distribuição das especializações dos participantes e das especializações por grupos de tratamento pode ser vista nas Tabelas 3 e 4. Os alunos do grupo designado por "Ensino Básico" estão a obter certificação para ensinar desde a primeira infância até ao sexto ano. Os membros do grupo "Ensino Secundário" estão a obter certificação para o 4° ao 8° ano ou para uma área de conteúdo específica e irão lecionar no 8° ao 12° ano. Os participantes no grupo "Educação Especial/Interdisciplinar" estão a formar-se em todos os níveis de educação especial ou estão a certificar-se duplamente em educação elementar e educação especial. O grupo designado por "Outros" inclui estudantes cuja formação inclui educação física, arte ou educação musical. A maioria dos participantes neste grupo está a certificar-se para ensinar todos os níveis de educação física e também deseja ser treinador de atletismo. Este grupo representou o dobro do número de participantes de qualquer outro grupo. A forte participação do departamento de Ciências do Exercício e do Desporto pode ter contribuído para os resultados deste estudo e justificaria mais investigação.

Quadro 3

Área de formação do participante

Major	Número de participantes
Ensino Básico	15
Ensino secundário	11
Educação especial/Interdisciplinar	12
Outros	27

Quadro 4

Participante Principal no Grupo de Tratamento

Tratamento Grupo	Principais	Número de Participantes
Experimental	Ensino Básico	7
	Ensino secundário	6
	Especial Educação/Interdisciplinar	7
	Outros	17
Controlo	Ensino Básico	8
	Ensino secundário	5
	Especial Educação/Interdisciplinar	5
	Outros	13

Os quadros 5 e 6 apresentam estatísticas descritivas relativas às idades dos participantes.

Os seniores em processo de ensino de estudantes representavam 75% dos participantes. Os restantes 25% eram juniores.

Quadro 5

Idade dos participantes

Idade dos participantes

Faixa etária	Mínimo	Máximo	Média	Padrão Desvio
20-48	20	48	24.71	7.25

Quadro 6

Distribuição etária dos participantes

	Idade do participante Distribuição	
Faixa etária	Frequência	Percentagem
20-25	52	80.0
26-30	4	6.2
30+	9	13.8

Foi pedido aos participantes que relatassem a sua experiência de trabalho com alunos com deficiência, bem como a sua exposição a alunos com deficiência. Cada pergunta pedia aos participantes que classificassem as suas respostas numa escala de quatro pontos, em que zero indicava nenhuma experiência/exposição, um indicava experiência/exposição mínima, dois indicava ter frequentemente experiência/exposição e três indicava grande experiência/exposição. Os resultados são apresentados nos quadros 7 e 8.

Quadro 7

Experiência de trabalho com estudantes com deficiência

Experiência de trabalho com estudantes com deficiência

	Frequência	Percentagem
Nenhum	14	21.5
Mínimo	37	56.9
Frequentemente	12	18.5
Extensivo	2	3.1

Quadro 8

Exposição a alunos com deficiência

Exposição a alunos com deficiência		
Categorias	Frequência	Percentagem
Nenhum	4	6.2
Mínimo	34	52.3
Frequentemente	23	35.4
Extensivo	4	6.2

A pergunta de investigação deste estudo foi: "Será que as atitudes dos professores em formação melhoram após um desenvolvimento profissional orientado para a inclusão de alunos com autismo"? Para determinar as atitudes dos professores em formação relativamente à inclusão de alunos com autismo na sala de aula do ensino geral, os participantes responderam ao TATIS, um inquérito sobre atitudes relativamente à inclusão, em 4 momentos sucessivos. Cada administração do instrumento é indicada por um número a seguir ao título do instrumento. Por exemplo, a primeira administração é designada por TATIS1. A segunda administração é designada por TATIS2. O mesmo padrão continua para a terceira e a quarta administração.

Pressupostos

Antes de concluir a análise dos dados, foram efectuados testes de normalidade para garantir o cumprimento do pressuposto da normalidade. Os dados descritivos da normalidade são apresentados no quadro 9. O TATIS1 e o TATIS3 não foram significativos nos testes de assimetria. O TATAS2 e o TATIS4 apresentaram uma assimetria ligeiramente negativa. Todas as administrações do TATIS apresentaram uma distribuição normal no que respeita à curtose. A análise do gráfico Q-Q, como se pode ver nas Figuras 1-4, ilustra visualmente a normalidade evidente em cada administração do TATIS.

Quadro 9

Normalidade dos dados

Administração	N Estatísticas	Média Estatísticas	Desvio padrão Estatísticas	Skewness Estatística	Std Erro	Curtose Estatística	Std Erro
TATIS1	65	43.65	8.48	-.566	.297	-.490	.586
TATIS2	65	43.57	8.31	-.702	.297	-.240	.586
TATIS3	65	41.68	10.04	-.581	.297	-.114	.586
TATIS4	65	41.97	11.39	-.708	.297	.023	.586

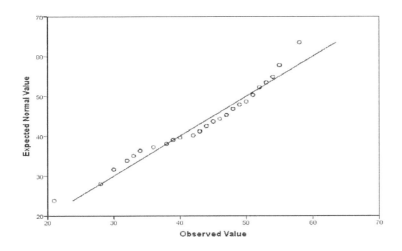

Figura 1 Q-Q Plot TATIS1

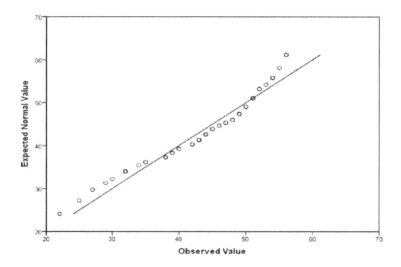

Figura 2 Q-Q Plot TATIS2

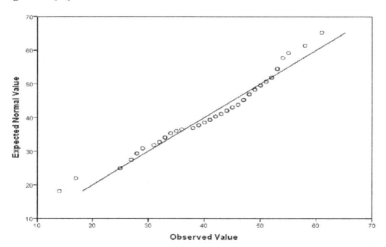

Figura 3 Q-Q Plot TATIS3

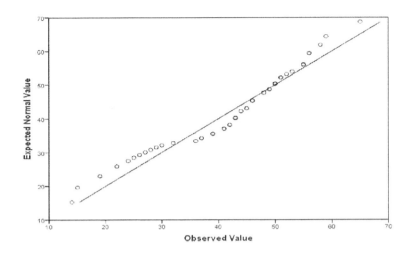

Figura 4 Q-Q Plot TATIS4

O teste de Kolmogorov-Smirnov foi efectuado com o SPSS (*vs*. 19). As pontuações do TATIS1, *D*(34) = .093, *p* >.05; TATIS2, *D*(34) = .20, *p* > .05; e TATIS3, *D*(34) = . 20, *p* >.05, não foram significativas, sugerindo que a amostra é provavelmente normal (Field, 2009). As pontuações do TATIS4, *D*(34) = .042, *p*< .05, foram ligeiramente significativas (Tabela 10).

Quadro 10

Teste de normalidade de Kolmogorov-Smirnov

Administração de instrumentos	Kolmogorov-Smirnov		
	Estatísticas	DF	Sig.
TATIS1	.139	34	.093
TATIS2	.124	34	.200
TATIS3	.104	34	.200
TATIS4	.153	34	.042

A homogeneidade da variância foi testada através do teste de Levene. Para as pontuações no instrumento TATIS, as variâncias foram iguais em todas as administrações (Tabela 11).

Quadro 11

Teste de Levene para a homogeneidade da variância

	F	df1	df2	Sig.
TATIS1	.068	3	61	.977
TATIS2	.070	3	61	.976
TATIS3	.043	3	61	.988
TATIS4	.586	3	61	.627

A homogeneidade da esfericidade foi testada utilizando o teste de Mauchly. A esfericidade pressupõe que as variâncias das diferenças entre os grupos de tratamento são iguais. O teste de Mauchley indicou que os pressupostos da esfericidade tinham sido violados $\chi^2(5) = 32,12$, $p < .05$, indicando que existem diferenças significativas entre as diferenças das variâncias entre os grupos, o que resulta em *rácios F* não fiáveis (Quadro 12). Para corrigir a violação da esfericidade, deve ser feita uma correção dos graus de liberdade. Pode ser feita uma correção conservadora utilizando a correção de Greenhouse-Geisser. As correcções de Greenhouse-Geisser aos graus de liberdade são utilizadas quando as estimativas são superiores a 0,75.

Quadro 12

Teste de esfericidade de Mauchly

Dentro de Mauchly's efeito dos sujeitos	W	Aprox. Qui-quadrado	df	Sig.	Épsilon Estufa Inferior-Guisser Ligado	Huynh-Feldt
	.631	27.453	5	.000	.779	.852 .333

A influência do desenvolvimento profissional nas atitudes dos participantes

Após a verificação dos pressupostos, os resultados foram analisados. A escala para cada item do TATIS requer que os participantes indiquem um 1 se concordarem fortemente com a afirmação e um 7 se discordarem fortemente da afirmação. As pontuações brutas baixas são indicativas de uma visão mais positiva relativamente à inclusão. As pontuações brutas variam entre 32 e 68. As pontuações brutas de cada grupo são apresentadas na Tabela 13.

Quadro 13

Comparação de médias e DP entre administrações do instrumento TATIS.

Grupo de tratamento	TATIS1	TATIS2	TATIS3	TATIS4
1 Média	43.71	44.06	40.59	41.29
N	34.00	34.00	34.00	34.00
SD	7.54	7.64	10.38	11.04
2 Média	43.58	43.03	42.87	42.71
N	31.00	31.00	31.00	31.00
SD	9.53	9.09	9.69	11.90

A média bruta do TATIS1 para o grupo experimental foi de 43,71 e para o grupo de controlo foi de 43,58 (Tabela 12). Uma pontuação de 43 está no percentil 88 para a amostra de normalização do TATIS, indicando que todos os participantes do estudo tinham uma atitude positiva em relação à inclusão antes do desenvolvimento profissional. Após o desenvolvimento profissional, a pontuação bruta do grupo experimental desceu para 40,59 (percentil 97), o que representa uma melhoria da atitude.

Foi realizado um projeto de medidas repetidas de dois factores para determinar o efeito do aumento das pontuações médias do grupo experimental como resultado da participação no desenvolvimento profissional. As pontuações médias de ambos os grupos de tratamento em cada administração estão visualmente representadas na Figura 5. A série 1 representa o grupo experimental. A série 2 representa o grupo de controlo. A ANOVA unidirecional, dentro dos sujeitos, revelou que não havia uma diferença significativa dentro da amostra nas quatro administrações do TATIS, $F(2.26, 142.26) = 1.50, p > .05, \eta^2 = .01$ *generalizado*, indicando um pequeno tamanho do efeito. (Quadro 14) A intervenção não explica senão uma pequena parte da variação registada nos resultados. No entanto, esta variação pode ser o resultado do erro padrão do instrumento. Os resultados indicam um efeito não significativo entre os sujeitos

$F(1,63) = .087, p > .05$ (Tabela 15).

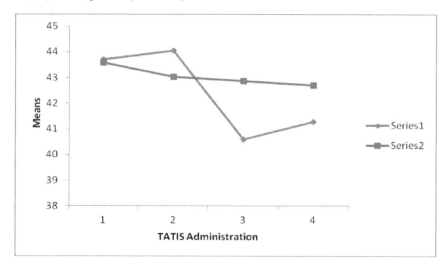

Figura 5 Estimativa dos meios marginais da administração do TATIS

Quadro 14

Testes de efeitos intra-sujeitos

Sessões*grupos	Tipo III Somas de quadrados	df	Média Quadrado	F	Sig.
Estufa Geisser	108.044	2.261	47.779	1.496	.226
Erro					
Estufa - Geisser	4549.472	142.463	31.934		

Quadro 15

Testes de efeitos entre sujeitos

Fonte	Tipo III Somas de Quadrados	df	Média Quadrado	F	Sig.
Interceção	118428.049	1	118428.049	1562.903	.000

| Grupo | 6.572 | 1 | 6.572 | .087 | .769 |
| Erro | 4773.788 | 63 | 75.774 | | |

A análise da primeira e da terceira administração do TATIS revela diferenças nas médias dos grupos de tratamento. Os dados reflectem que as médias tanto do grupo experimental (M = 43,71) como do grupo de controlo (M = 43,58) demonstraram pontuações equivalentes na primeira administração do TATIS. Após o desenvolvimento profissional, as pontuações do grupo de controlo permaneceram constantes (M = 42,87), enquanto o grupo experimental (M = 40,49) demonstrou um aumento notável na atitude. As diferenças nas médias indicam que o desenvolvimento profissional proporcionado ao grupo experimental teve impacto nas atitudes dos professores em formação relativamente à inclusão de alunos com autismo no contexto do ensino geral.

A terceira administração do instrumento representa o momento imediatamente após o desenvolvimento profissional ter sido ministrado. Foi realizado um *teste t de* médias independentes para comparar as médias entre o grupo de tratamento e o grupo de controlo. Os resultados indicaram que não existia uma diferença estatisticamente significativa entre o grupo experimental ($n = 34$, $M = 40,59$, $DP = 10,38$) e o grupo de controlo ($n = 31$, $M = 42,87$, $DP = 9,69$), $t(-,914)$, $p > .05$. No entanto, os resultados indicaram um aumento das atitudes positivas após o desenvolvimento profissional. O investigador antecipou a demonstração de um aumento de atitudes positivas como resultado do desenvolvimento profissional relativamente à inclusão de alunos com autismo no contexto do ensino geral.

A consideração das habilitações académicas dos participantes não fazia parte da pergunta de investigação; no entanto, os dados foram recolhidos no questionário demográfico. A distribuição entre as licenciaturas foi relativamente igual, com exceção das licenciaturas de "todos os níveis", que consistem em educação física, educação musical e arte. Havia duas vezes mais participantes neste grupo do que em qualquer outro grupo. Foi calculada uma ANOVA de medidas repetidas para examinar se a área de formação de um aluno tinha impacto na sua atitude relativamente à inclusão de alunos com autismo. Foi evidente um efeito significativo quando se considerou o curso do participante ao longo do tempo, $F(7.01, 142.53) = 2.20$, $p < .05$, *partial* $\eta^2 = .098$ representando um grande tamanho de efeito. Um tamanho de efeito grande indica que grande parte da variação pode ser atribuída à intervenção e não ao erro. Uma comparação post hoc Bonferroni ajustada foi realizada para considerar a variação entre os cursos secundários e os cursos de Educação Especial/Interdisciplinar. As comparações de Bonferroni são consideradas conservadoras e controlam o erro de tipo I. O teste post hoc observou diferenças significativas ($p < 0,05$) entre os cursos do Secundário ($M = 48,36$, $DP = 9,15$) e os cursos de Educação Especial/Interdisciplinar ($M = 35,08$, $DP = 9,27$).

CAPÍTULO 5

Discussão

Este estudo procurou determinar se um desenvolvimento profissional orientado de duas horas e 30 minutos afectou as atitudes dos professores em formação relativamente à inclusão de alunos com autismo na sala de aula do ensino geral. A literatura indica que a atitude de um professor terá um efeito sobre a forma como constrói a aprendizagem e o sucesso com que os alunos aprendem. Existe alguma investigação que indica que o desenvolvimento profissional é uma ferramenta valiosa para efetuar mudanças nas atitudes dos professores. Sze (2009) sugeriu que a formação de professores em pré-serviço sobre deficiências específicas era necessária para produzir uma atitude positiva em relação à inclusão. Consequentemente, este estudo utilizou o desenvolvimento profissional criado pela Texas Statewide Leadership for Autism para facilitar uma formação consistente sobre as perturbações do espetro do autismo em todo o estado. A formação foi originalmente desenvolvida como um módulo online. Os espectadores podiam aceder à formação através do Education Service Center Region XIII e completar a série de módulos ao seu próprio ritmo. Vários professores da região indicaram a sua preferência por uma formação presencial. Como resultado, a formação foi reformulada para incluir uma apresentação ao vivo de seis horas. Seis horas de formação simultânea não estavam disponíveis para o estudo atual, por isso a formação ao vivo foi modificada para uma formação de duas horas e 30 minutos para incluir componentes-chave da apresentação ao vivo. A versão de duas horas e 30 minutos formou os participantes sobre as caraterísticas das perturbações do espetro do autismo, comunicação, comportamento e preocupações sensoriais, utilizando instrução direta, estratégias de colaboração, vídeos e discussão. Cada tópico incluía estratégias de gestão da sala de aula e de ensino que, de acordo com a investigação, demonstraram ser eficazes no ensino de alunos com autismo.

Os resultados do estudo demonstraram que a utilização de um desenvolvimento profissional de duas horas e 30 minutos alterou ligeiramente as pontuações médias dos professores em serviço no grupo experimental, enquanto as pontuações médias do grupo de controlo permaneceram constantes. A quantidade de tempo fornecida na formação neste estudo é equivalente à quantidade de tempo geralmente fornecida para o estudo das perturbações do espetro do autismo numa aula de excepcionalidades como parte do currículo universitário de um professor em formação. Apesar de se ter notado uma ligeira alteração nas pontuações médias do grupo experimental, este estudo apoia o trabalho de Jennett, Harris e Mesibov (2003) que indica a necessidade de formação adequada e suficiente nas áreas do autismo e de outras perturbações do desenvolvimento. Outra investigação de Cook (2002) é apoiada, sugerindo que a atual programação para professores em formação não é suficiente para efetuar mudanças significativas nas atitudes dos professores em formação em relação à inclusão.

Pesquisas anteriores demonstraram que as atitudes dos professores podem ser um bom preditor de comportamento (Fazio & Zanna, 1978). Comportamentos como a colocação de alunos com deficiência (Agbenyega, 2007), as práticas de inclusão (Ross-Hill, 2009) e a implementação das melhores práticas (McGregor & Campbell, 2001) são diretamente afectados pelas atitudes, justificando a necessidade de proporcionar meios para afetar positivamente as atitudes dos professores em formação.

Os resultados demonstraram, no entanto, que o curso dos participantes teve um impacto significativo nas suas atitudes e nos efeitos resultantes do desenvolvimento profissional. A maior diferença nas atitudes foi registada entre os cursos secundários e os cursos de educação especial/interdisciplinares. Além disso, com exceção da primeira administração do TATIS, os cursos secundários tiveram as pontuações brutas mais elevadas quando comparados com todos os outros cursos. Uma pontuação bruta elevada indica atitudes fracas relativamente à inclusão e uma preferência por ambientes mais tradicionais e excludentes para os alunos com autismo. As pontuações dos cursos secundários aumentaram continuamente mesmo após a participação no desenvolvimento profissional. Isto indica as atitudes mais fracas relativamente à inclusão de alunos com autismo na sala de aula de ensino geral. Além disso, a diferença entre as pontuações das licenciaturas secundárias e as pontuações das licenciaturas em educação especial indica que, quando os professores em formação têm formação alargada no ensino de crianças com deficiência, é mais provável que tenham atitudes mais positivas em relação à inclusão.

Como foi referido na revisão da literatura, os alunos do ensino secundário com necessidades especiais são muitas vezes obrigados a frequentar ambientes mais restritos devido ao requisito "altamente qualificado" estabelecido pela lei No Child Left Behind. Os alunos cujo nível de funcionamento é suficientemente elevado para permitir o acesso à sala de aula do ensino geral são frequentemente acompanhados por um paraprofissional, que assume frequentemente o papel de educador principal para os alunos com deficiência na sala de aula do ensino geral. O paraprofissional está muitas vezes fisicamente próximo dos alunos com necessidades especiais. A prática comum dita que o professor de educação geral dê a instrução inicial a toda a turma, seguido pelo paraprofissional que pode voltar a ensinar o material ao aluno para mais explicações e instruções. Nalguns casos, é o professor de educação especial que ensina em conjunto com o professor de educação geral na sala de aula de educação geral. Em qualquer dos casos, a responsabilidade pelo aluno é aparentemente retirada ao professor do ensino secundário geral. Devido a limitações de pessoal, os paraprofissionais e os professores de ensino especial têm de dividir o seu tempo por todas as turmas de ensino geral. O resultado é que os alunos nas salas de aula de ensino geral podem não receber os apoios necessários quando precisam deles. Isto deixa o aluno com necessidades especiais na sala de aula de ensino geral sem apoios externos e a responsabilidade recai sobre o professor de ensino geral, que recebeu uma formação mínima, se é que recebeu alguma, sobre a educação de alunos com necessidades especiais.

O grupo de participantes que demonstrou a maior mudança de atitude entre a primeira e a terceira administração foi o dos estudantes do ensino básico. Este grupo demonstrou um tamanho de efeito médio a grande ($d = 0,67$). O vídeo e as imagens do desenvolvimento profissional incluíam crianças pequenas e salas de aula típicas do ensino básico. É possível que os alunos do ensino básico estivessem mais familiarizados com as representações visuais vistas na formação e pudessem imaginar-se a participar nas práticas sugeridas. Pelo contrário, os vídeos e as imagens não representavam visualmente o aspeto de uma sala de aula típica do ensino secundário e, consequentemente, não estabeleceram uma ligação pessoal com os alunos do ensino secundário que participaram neste estudo.

Os alunos do curso de educação especial/interdisciplinar não registaram uma mudança significativa de atitude após o desenvolvimento profissional. No entanto, este grupo obteve uma pontuação no percentil 98 antes da intervenção e aumentou para o percentil 99 após a intervenção. Poder se ia supor que os licenciados em educação especial deste estudo possuíam previamente uma atitude em relação às práticas inclusivas e que a intervenção solidificou ainda mais as suas convicções. Além disso, estes participantes tinham uma formação prévia extensa no atendimento de alunos com necessidades especiais, o que sugere que, para aumentar a atitude de todos os professores, pode ser necessário incluir cursos, para além do único curso sobre excepcionalidades, ao longo dos cursos de pré-serviço.

Implicações

Tal como se referiu no Capítulo 3, os professores do ensino secundário e de todos os níveis só participam em quatro cursos de educação. Dada a exposição limitada a princípios pedagógicos e a alunos com necessidades especiais, não é surpreendente que os professores do ensino secundário geral tenham atitudes mais fracas em relação à inclusão de alunos com autismo e deficiências de desenvolvimento. Tendo em conta o declínio contínuo da atitude registado neste estudo, poder-se-ia supor que a informação fornecida durante um curto desenvolvimento profissional pode ter garantido ainda mais a atitude dos licenciados em educação geral, sabendo que o apoio do seu pessoal de educação especial é limitado e que as necessidades dos alunos são tão grandes. Dado que a maior parte do currículo do ensino geral para os alunos do ensino secundário é orientado para tópicos de conteúdo específico, pode ser necessário aumentar a quantidade de formação em educação especial fornecida a esta população durante os seus cursos pré-serviço. A investigação levada a cabo por Leblanc (2009) incluiu uma formação de três horas e 20 minutos para professores do ensino secundário em pré-serviço e demonstrou resultados significativos relativamente às atitudes. No entanto, no estudo de Leblanc, a formação foi ministrada durante dois meses e duas sessões de formação. Pode ser necessário oferecer uma quantidade semelhante de formação, mas durante um período de tempo mais longo, para ter impacto nas atitudes dos professores do ensino secundário em formação.

As implicações deste estudo para os programas de preparação de professores são significativas. Os cursos secundários e outros cursos de todos os níveis estão centrados nos conteúdos. No entanto, as estipulações da IDEA exigem a colocação de alunos com deficiência nas suas salas de aula de ensino geral. As instituições de ensino superior podem ter de considerar a exposição que os certificadores do ensino secundário e de todos os níveis têm aos cursos pedagógicos e aos que se centram nos alunos com deficiência. A literatura é clara quanto à ligação direta entre atitudes e comportamentos resultantes. Os professores sem formação podem ter atitudes positivas e estar dispostos a implementar as melhores práticas, mas não dispõem da base de conhecimentos sobre a qual podem desenvolver as suas competências. Muitos sofrem devido a esta falta de exposição. Os alunos são certamente afectados. Estão em salas de aula com professores que tiveram uma instrução mínima em pedagogia e ainda menos exposição e instrução sobre excepcionalidades. O professor sofre simplesmente devido à falta de conhecimento e compreensão. A escola e a agência local de educação são afectadas quando os alunos com deficiência participam em testes de alto risco.

Os alunos das salas de aula do ensino geral provavelmente fariam o exame geral com poucas adaptações. Os resultados do exame afectam diretamente a situação da escola, bem como as oportunidades disponíveis para o aluno.

Limitações

Uma limitação deste estudo envolveu as modificações efectuadas na intervenção. O desenvolvimento profissional foi originalmente concebido como um módulo em linha para uso individual. A pedido dos professores em serviço, o módulo foi convertido para um modelo de seis horas de trabalho em direto. Os participantes neste estudo não estavam disponíveis para um período contínuo de seis horas. Consequentemente, o investigador modificou a apresentação ao vivo e reduziu-a a uma apresentação de duas horas e 30 minutos para satisfazer as exigências dos participantes. A modificação incluiu os componentes-chave da formação original; no entanto, deixou de fora grande parte das actividades práticas que consumiam muito tempo. Como tal, os participantes não tiveram a oportunidade de se envolverem plenamente em discussões de grupo na medida desejada pelo investigador para ajudar na clarificação de conceitos. Um maior número de discussões em grupo poderia ter esclarecido algumas das preocupações dos estudantes do ensino secundário, permitindo explicações e mais instruções.

Outra limitação deste estudo pode ter sido a utilização de duas turmas separadas. Este método de distribuição foi escolhido para aceder a estudantes em diferentes níveis de formação. Um grupo de alunos frequentava uma disciplina que geralmente é frequentada até três semestres antes do ensino. De facto, em muitos casos, é um dos primeiros cursos que os licenciados em educação frequentam. O segundo grupo de participantes estava a dar aulas e tinha concluído todos os cursos necessários antes de se formar. Embora não faça parte da pergunta de investigação deste estudo, o investigador examinou as diferenças de médias na terceira administração do TATIS entre os dois grupos e não se registou qualquer diferença significativa ($p>$ .05). A utilização dos dois grupos pode ter sido limitativa, na medida em que a administração do TATIS, bem como a realização do desenvolvimento profissional, não foram efectuadas no mesmo calendário. O calendário foi ajustado para cada curso em função das exigências do professor, das conferências que ocorreram a meio do estudo, bem como das férias da primavera que ocorreram antes da administração final do TATIS. A inconsistência na administração do TATIS permitiu que os participantes tivessem mais ou menos tempo entre as oportunidades de responder aos itens do inquérito, o que pode ter criado efeitos de transição ou perdas de memória relativamente ao material aprendido.

Este estudo pode ter sido limitado pelo facto de o investigador ter administrado tanto o instrumento TATIS como o desenvolvimento profissional. O investigador geralmente lecciona cursos de educação especial na universidade em que este estudo foi realizado. Para ter em conta o enviesamento do investigador, este optou por uma conceção puramente quantitativa, de modo a não permitir enviesamentos na interpretação dos resultados. Um estudo qualitativo pode ter permitido o enviesamento do investigador ao codificar e interpretar as respostas dos participantes, dado o conhecimento que o investigador tem da instrução anterior e do desempenho dos alunos. Uma conceção quantitativa não permitiu ao investigador fazer qualquer julgamento sobre as respostas dos participantes, mas apenas registar os resultados do instrumento TATIS.

Por último, a pequena amostra de participantes de uma única universidade privada não permite uma generalização. A replicação deste estudo teria de incluir estudantes de universidades públicas maiores, com maior diversidade. Além disso, uma distribuição mais homogénea das licenciaturas poderia ser útil na análise dos dados. Este estudo teve o dobro de participantes de "todos os níveis" do que os que estavam presentes em qualquer outro grupo, o que pode ter afetado os resultados.

Investigação futura

Este estudo abre muitas oportunidades para investigação futura. A principal limitação registada foi a modificação da intervenção de uma apresentação de seis horas para uma apresentação de duas horas e 30 minutos. Uma opção de investigação possível seria replicar o estudo tal como foi concebido e fazer a apresentação completa de seis horas. Isto pode demonstrar efeitos significativos nas atitudes dos professores em pré-serviço relativamente à inclusão de alunos com autismo na sala de aula do ensino geral. Da mesma forma, poder-se-ia fornecer a intervenção como uma apresentação ao vivo de seis horas a um grupo e o módulo on-line a um grupo secundário para comparação.

Esta oportunidade de investigação futura representa uma informação importante. Os módulos e as apresentações ao vivo foram desenvolvidos a pedido da Agência de Educação do Texas para fornecer informações consistentes aos professores em todo o estado do Texas. Para aprofundar a investigação utilizando o material de formação desenvolvido pela Rede de Autismo do Estado do Texas, seria necessário identificar os objectivos da formação. Por exemplo, o criador pretendia que a formação aumentasse o conhecimento sobre o autismo, fornecesse estratégias para instruir os alunos com autismo, ou afectasse as atitudes dos professores? Uma vez determinado(s) o(s) objetivo(s), a investigação dos resultados seria apropriada e necessária. Em tempos de restrições fiscais, aumento do número de alunos diagnosticados com autismo e maiores taxas de inclusão, é vital saber se os recursos monetários limitados estão de facto a atingir os objectivos pretendidos.

Deve ser prosseguida a investigação adicional sobre o impacto das atitudes nos comportamentos ao nível dos professores em formação. Mais especificamente, a literatura anterior centrou-se nos professores em formação como um todo. Este estudo foi mais longe para iluminar as diferenças registadas de acordo com a área de formação escolhida pelos alunos. Deveria ser efectuada investigação adicional em diferentes instituições que oferecem aos professores do ensino secundário e de todos os níveis oportunidades adicionais de formação. A literatura descreve a necessidade de formação suficiente. Leblanc (2009) registou aumentos de atitude após três horas e 20 minutos de formação durante um período de dois meses. Kosko e Wilkins (2009) descobriram mudanças na auto-eficácia que duplicaram após oito horas de desenvolvimento profissional. Parece claro que o tempo atribuído à formação, bem como a sua realização em termos de tempo entre as sessões, são cruciais e constituem uma necessidade de investigação adicional.

Por último, devem ser efectuadas investigações futuras sobre a relação entre as atitudes, os comportamentos resultantes e a auto-eficácia. Almog e Shechtman (2007) afirmam que os comportamentos adoptados pelos professores e as suas práticas de tomada de decisão são regidos pelo nível de auto-eficácia do professor. Berry (2010) realizou uma investigação que demonstrou a ligação entre o papel da auto-eficácia e as atitudes de desenvolvimento dos professores em formação. Os resultados corroboram estudos anteriores de Carroll et al. (2003) e Taylor e Sobel (2001) que indicam uma falta de confiança nas suas capacidades para ensinar num ambiente inclusivo. Cada um destes conceitos precisa de ser mais bem analisado à luz das conclusões deste estudo relativamente à área de especialização escolhida pelos professores em formação.

Conclusão

A literatura anterior indica o valor do desenvolvimento profissional e o seu impacto nas atitudes dos professores relativamente à inclusão de alunos com autismo e outras perturbações do desenvolvimento na sala de aula do ensino geral. Este estudo procurou examinar a mudança nas pontuações médias de um inquérito sobre atitudes de professores em formação depois de participarem no desenvolvimento profissional. As pontuações médias no TATIS mantiveram-se constantes para os participantes que não receberam o tratamento de desenvolvimento profissional. Por outro lado, as pontuações médias no TATIS dos professores em formação que receberam desenvolvimento profissional demonstraram um aumento na atitude positiva. Todos os professores devem ter formação para ensinar alunos com deficiência. Os alunos com deficiência são continuamente colocados em salas de aula de ensino geral. As salas de aula do ensino geral incluem a sala de aula tradicional, bem como outras, incluindo arte, música e educação física. Os professores devem obter as competências necessárias para ensinar eficazmente os alunos com deficiência através do desenvolvimento profissional. O desenvolvimento profissional é oferecido durante a formação em serviço, mas muitas vezes não está disponível para os professores devido a restrições financeiras. É durante os anos de formação pré-serviço que os professores têm as maiores oportunidades de receber a instrução necessária para ensinar alunos com deficiência. Este estudo demonstrou uma ligeira melhoria nas atitudes gerais dos professores em formação. No entanto, esta mudança pode dever-se ao erro padrão do instrumento. Os resultados indicaram uma diferença significativa entre os grupos que participaram na investigação. A diminuição da atitude demonstrada pelos professores do ensino secundário foi indicativa da necessidade de mais formação que é normalmente fornecida. Leblanc (2009) observou

A melhoria da atitude deste grupo após duas sessões de formação que ocorreram durante um período de dois meses. Os professores do ensino secundário em formação irão certamente interagir com alunos com autismo e necessitam de formação adequada e apropriada para instruir eficazmente os alunos desta população. Os professores do ensino básico demonstraram a maior melhoria na atitude, embora não tenham atingido o mesmo nível do grupo de educação especial/interdisciplinar. O grupo que inclui educação física, música e educação artística a todos os níveis também demonstrou ligeiros aumentos nas atitudes, mas não atingiram o nível dos participantes do ensino básico. Estes resultados indicam que é necessária formação adicional para afetar as atitudes dos professores em formação relativamente à inclusão de alunos com perturbações do espetro do autismo na sala de aula do ensino geral.

APÊNDICES

Apêndice A

Escala de atitudes dos professores em relação à inclusão (TATIS)

Instruções: O objetivo deste inquérito confidencial é obter uma avaliação precisa e válida das suas percepções sobre a inclusão de alunos com deficiências ligeiras a moderadas em salas de aula regulares. Contém também questões relativas às suas crenças sobre os papéis profissionais, atitudes em relação à colegialidade e percepções sobre a eficácia da inclusão (ou seja, se acredita ou não que a inclusão pode ser bem sucedida). Como não há respostas "certas" ou "erradas" para estes itens, responda com sinceridade.

Definição de inclusão total: Para efeitos do presente inquérito, a inclusão total é definida como a integração de alunos com deficiências ligeiras a moderadas em salas de aula regulares durante 80% ou mais do dia escolar. De acordo com a legislação federal sobre o ensino especial, as deficiências ligeiras a moderadas incluem Dificuldades de Aprendizagem; Deficiências Auditivas; Deficiências Visuais; Deficiências Físicas; Perturbações do Défice de Atenção; Deficiências da Fala/Linguagem; e Perturbações Emocionais ligeiras/moderadas, Retardo Mental, Autismo ou Lesões Cerebrais Traumáticas.

Utilizar a seguinte escala para todos os itens:

1=Concordo Muito Fortemente (AVS), 2=Concordo Fortemente (SA), 3=Concordo (A), 4=Nem Concordo
nem discordo (NAD), 5=discordo (D), 6=discordo fortemente (SD), 7=discordo muito fortemente (DVS)

		1	2	3	4	5	6	7
1.	Todos os alunos com deficiências ligeiras a moderadas devem ser educados em	AVS	SA	A	NAD	D SD	DVS	
	salas de aula regulares com colegas não deficientes, na medida do possível.	1	2	3	4	5	6	7
2.	Raramente é necessário retirar os alunos com deficiências ligeiras a moderadas das salas de aula regulares para satisfazer as suas necessidades educativas.	1	2	3	4	5	6	7
3.	A maioria ou todas as salas de aula separadas que servem exclusivamente alunos com deficiências	1	2	3	4	5	6	7

	ligeiras a moderadas devem ser eliminadas.							
4.	A maioria ou todas as salas de aula regulares podem ser modificadas para responder às necessidades dos alunos com deficiências ligeiras a moderadas.	1	2	3	4	5	6	7
5.	Os alunos com deficiências ligeiras a moderadas não devem ser ensinados em turmas regulares com alunos sem deficiência, porque exigirão demasiado do tempo do professor.	1	2	3	4	5	6	7
6.	A inclusão é um modelo mais eficiente para educar os alunos com deficiências ligeiras a moderadas porque reduz o tempo de transição (ou seja, o tempo necessário para passar de um contexto para outro).	1	2	3	4	5	6	7
7.	Os alunos com deficiências ligeiras a moderadas não devem ser ensinados em turmas regulares com alunos sem deficiência, porque exigirão demasiado do tempo do professor.	1	2	3	4	5	6	7
8.	Tenho dúvidas quanto à eficácia da inclusão de alunos com deficiências ligeiras/moderadas nas salas de aula regulares, porque muitas vezes não possuem as competências académicas necessárias para serem bem sucedidos.	1	2	3	4	5	6	7
9.	Tenho dúvidas quanto à eficácia da inclusão de alunos com deficiências ligeiras/moderadas nas salas de aula regulares, porque muitas vezes não possuem as competências sociais necessárias para serem bem sucedidos.	1	2	3	4	5	6	7
10.	Considero que os professores do ensino geral muitas vezes não são bem sucedidos com alunos com deficiências ligeiras a moderadas, mesmo quando dão o seu melhor.							
11.	Gostaria de ter a oportunidade de ensinar em equipa como um modelo para satisfazer as necessidades dos alunos com dificuldades ligeiras/moderadas	1	2	3	4	5	6	7
	deficiências nas salas de aula normais.	1	2	3	4	5	6	7
12.	Todos os alunos beneficiam da equipa	1	2	3	4	5	6	7
13.	ou seja, o emparelhamento de um professor de ensino geral e de um professor de ensino especial na mesma sala de aula . A responsabilidade de educar os alunos com deficiências ligeiras/moderadas nas salas de aula regulares deve ser partilhada entre os professores do ensino geral e do ensino especial.	1	2	3	4	5	6	7

14.	Gostaria de ter a oportunidade de participar num modelo de professor consultor (ou seja, reuniões regulares de colaboração entre professores do ensino especial e do ensino geral para partilhar ideias, métodos e materiais) como forma de responder às necessidades dos alunos com deficiências ligeiras/moderadas nas salas de aula regulares.	1	2	3	4	5	6	7

Apêndice B

Consentimento informado para participar num estudo de investigação

Ao Participante,

Este formulário solicita o seu consentimento para participar num estudo de investigação educacional. Este estudo avaliará a atitude do professor em formação sobre a inclusão de crianças com deficiência, especificamente autismo, numa sala de aula de ensino geral antes e depois do desenvolvimento profissional sobre perturbações do espetro do autismo. Durante a investigação, os estudantes participantes preencherão um questionário demográfico e 4 administrações de um inquérito sobre atitudes, a realizar durante um período de 4 semanas. Os participantes assistirão a uma formação de desenvolvimento profissional de 3 horas a ser ministrada durante um período de aulas regulares. A participação neste estudo não afectará a capacidade do aluno de concluir os trabalhos obrigatórios do curso.

Os dados serão recolhidos por Kris Ward, um estudante de doutoramento da Universidade de Baylor, no âmbito de um projeto de dissertação. Não há riscos físicos, psicológicos e/ou sociológicos conhecidos envolvidos. Todos os dados recolhidos serão completamente anónimos para garantir a privacidade dos participantes. Todos os dados serão eliminados após a conclusão do estudo. As informações demográficas dos participantes permanecerão confidenciais quando citadas no estudo. Os benefícios da sua participação podem incluir um maior conhecimento sobre as melhores práticas de ensino envolvendo alunos com perturbações do espetro do autismo.

A assinatura abaixo constitui o seu consentimento e vontade de participar neste estudo . Não há qualquer penalização pela não participação e a sua participação pode ser retirada do estudo em qualquer altura, também sem penalização ou perda de benefícios. Se optar por participar no estudo de investigação educacional, devolva este formulário de consentimento assinado. Se tiver alguma dúvida ou preocupação, não hesite em contactar Kris Ward pelo telefone do escritório 254-295-4946 ou por correio eletrónico em kris_ward1@baylor.edu. Pode também contactar Julie Ivey-Hatz através do número 254-710-7584 na Universidade de Baylor. As questões relativas à natureza do investigador, aos seus direitos como sujeito ou a qualquer outro aspeto da sua participação podem ser dirigidas ao Comité Universitário de Proteção da Investigação em Sujeitos Humanos da Universidade de Baylor através do presidente Dr. Michael E. Sherr, Chair IRB, Baylor University, One Bear Place #97320, Waco, TX 76798-7320 ou pelo telefone 254-710-4483.

Li e compreendi este formulário e estou ciente dos meus direitos enquanto participante. Aceitei participar no estudo com base nas informações fornecidas. Ser-me-á fornecida uma cópia do formulário assinado.

Assinatura do participante

Nome do participante

Apêndice C

Questionário demográfico

ID:

Idade:_____ Género:

Principais: _____ Classificação:

Em que medida teve a oportunidade de trabalhar com alunos com autismo ou outras deficiências?

Nenhum Mínimo   Muitas vezes   Extenso

Em que medida teve contacto, mas não esteve diretamente envolvido, com pessoas com deficiência?

Nenhum Mínimo   Muitas vezes   Extenso

Apêndice D

Esboço de desenvolvimento profissional

Autismo e educação geral

- Natureza do espetro do autismo

- Subcategorias de autismo

- Causas

- Estatísticas

- Estatísticas mais recentes do CDC; 1:88

- Diagnóstico vs. elegibilidade para serviços de ensino especial

- Indicadores precoces comuns

- Menos tagarelice

- Menos contacto visual durante a alimentação

- Tríade da deficiência: comunicação, social, comportamentos restritos/incomuns

- Diferenças únicas de aprendizagem

- Vídeo de uma criança do ensino básico com autismo que demonstra uma compreensão única do alfabeto

Cultura de acolhimento na sala de aula

- Atitude positiva e de aceitação

- Envolvimento da família

- Comunicar regularmente com a família

- Reunir informações e uma equipa

- Investigação sobre o autismo

- Reunir-se com o pessoal de apoio

- Preparar os alunos/pares

- Preparar os pares com informações sobre o autismo

- Preparar o aluno com fotografias da escola, visita à sala de aula, horário visual

- Ligações curriculares

- Promover a generalização de competências ao longo do currículo

- Consideração sensorial
- Considerar a iluminação, o ruído e os odores
- Reforço/motivação
- Aprender o valor do reforço e formas de o implementar com sucesso
- Motivar com base nos interesses dos alunos
- Esperar o sucesso

Importância da comunicação

- Caraterística da comunicação
- Atividade que exige que os participantes contem uma história sem usar palavras
- A comunicação resulta num comportamento
- Utilização/modelação da língua
- O que é que os educadores podem fazer?
- Demonstração de atenção conjunta: apontar para o quadro e anunciar que o trabalho de casa está no quadro. Demonstrar que a falta de atenção conjunta pode fazer com que o aluno com autismo não entenda o anúncio.

Planear estratégias de ensino

- Estratégias visuais
- Fornecer a cada participante um programa visual da sessão
- Demonstrar formas de manipular a agenda visual
- Desenho Universal para a Instrução
- Demonstrar formas de diferenciação
- Estrutura na sala de aula
- Fotografias de sistemas de organização
- Fotografias da disposição das salas de aula
- Fotografias do espaço de trabalho do aluno
- Competências sociais

o Modelação pelos pares

REFERÊNCIAS

Agbenyega, J. (2007). Examinar as preocupações e atitudes dos professores relativamente à educação inclusiva no Gana. *International Journal of Whole Schooling, 3*, 41-56.

Alghazo, E. M., Dodeen, H., & Algaryouti, I. A. (2003). Attitudes of pre-service teachers towards personas with disabilities: Predictions for the success of inclusion. *College Student Journal, 37*, 515-522.

Almog, O., & Shechtman, Z. (2007). Crenças democráticas e de eficácia dos professores e estilos de lidar com problemas de comportamento de alunos com necessidades especiais. *European Journal of Special Needs Education, 22*,115-129.

Associação Americana de Psiquiatria. (1994). Manual de diagnóstico e estatística das perturbações mentais. (4ª ed.). Washington, DC: Autor.

Armor, D., Conroy-Wsequera, P., Cox, M., King, N., McDonnell, L., Pascal, A., Pauly, E., & Zellman, G. (1976). *Analysis of the school preferred reading programs in selected Los Angeles minority schools* (Relatório n.º R-2007-LAUSD). Santa Mónica, CA: Rand Corporation.

Avramidis, E., Bayliss, P., & Burden, R. (2000). A survey into mainstream teachers' attitudes towards the inclusion of children with special educational needs in the ordinary school in one local education authority. *Educational Psychology, 20*, 191-212.

Avramidis, E., & Norwich, B. (2002). Teachers' attitudes towards integration/inclusion: a review of the literature. *European Journal of Special Needs Education, 17*, 129147.

Bakeman, R. (2005). Estatísticas de tamanho de efeito recomendadas para projectos de medidas repetidas. *Behavior Research Methods, 37*, 379-384.

Bandura, A. (1977a). Self-efficacy: Toward a unying theory of behavioral change. *Psychological Review, 84*, 191-215.

Bandura, A. (Ed.) (1977b). Social Learning Theory (Teoria da Aprendizagem Social). Englewood Cliffs, NJ: PrenticeHall, Inc.

Baron-Cohen, S. (2008). Autismo e Síndrome de Asperger: The Facts (Os Factos). NY: Oxford University Press.

Beare, P. (1985). Atitudes dos professores do ensino regular em relação à integração dos alunos com perturbações emocionais: Podem ser alteradas? (Relatório n° EC171390). Minnesota: Handicapped and Gifted Children.

Beirne-Smith, M., Patton, J. R., & Kim, S. H. (2006). Mental Retardation An Introduction to Intellectual Disabilities (Retardo Mental Uma Introdução às Deficiências Intelectuais). (7th ed.). Upper Saddle River, NJ: Pearson Education Inc.

Bennett, T., DeLuca, D., & Bruns, D. (1997). Pôr a inclusão em prática: Perspectivas de professores e pais. *Exceptional Children, 64*(1), 115-131.

Berman, P., & McLaughlin, M. (1977). Federal programs supporting educational change, Volume II: *Factors affecting implementation and continuation* (Report No R-1589/7-HEW). Santa Monica, CA: Rand Corporation.

Berry, R. A. W. (2010). Atitudes dos professores em serviço e em início de carreira em relação à inclusão, às adaptações pedagógicas e à justiça: Três perfis. *The Teacher Educator, 45,* 75-95.

Block, M. E., & Obrusnikova, I. (2007). Inclusão na educação física: A review of the literature from 1995-2005. *Adapted Physical Activity Quarterly, 24,* 103-124.

Brophy, J. E., & McCaslin, M. (1992). Teacher's reports of how they perceive and copear with problem students. *Elementary School Journal, 93,* 3-67.

Campbell, J. (2003). "Objectivos 2000: A modest proposal for reform". *Research for Education Reform, 18,* 40-46.

Carroll, A., Forlin, C., & Jobling, A. (2003). The impact of teacher training in special education on the attitudes of Australian preservice general educators towards people with disabilities. *Teacher Education Quarterly, 30,* 65-79.

Center, Y., & Ward, J. (1987). Teachers' attitudes towards the integration of disabled children into regular schools. *The Exceptional Child, 34,* 41-56.

Combs, S., Elliott, S., & Whipple, K. (2010). Atitudes dos professores de educação física do ensino básico em relação à inclusão de crianças com necessidades especiais: Uma investigação qualitativa. *Revista Internacional de Educação Especial, 25,* 114-125.

Cook, B. G. (2002). Atitudes inclusivas, pontos fortes e fracos dos educadores gerais em pré-serviço inscritos num programa de preparação de professores de infusão curricular. *Formação de Professores e Educação Especial, 25*, 262-277.

Cullen, J., Gregory, J. L., & Noto, L. A. (2010). A escala de atitudes do professor em relação à inclusão (TATIS). Documento ou sessão de póster apresentado na reunião da Eastern Educational Research Association, Sarasota, FL.

Cullen, J., & Noto, L. (2007). A avaliação das atitudes dos professores do ensino geral em pré-serviço relativamente à inclusão de alunos com deficiências ligeiras a moderadas. *Journal for the Advancement of Educational Research, 3*, 23-33.

de Boer-Ott, S. R. (2005). Experiências e percepções dos professores do ensino geral relativamente à educação inclusiva e à inclusão de alunos com perturbações do espetro do autismo. *ProQuest Dissertations and Theses.*

DeSimone, J. R., & Parmar, R. S. (2006). Crenças dos professores de matemática do ensino médio sobre a inclusão de alunos com dificuldades de aprendizagem. *Learning Disabilities Research & Practice, 21*, 98-110.

Detres, M. (2005). 'Estudantes hispânicas do ensino secundário com necessidades especiais: Inclusão ou exclusão. (Dissertação de doutoramento, Universidade de Walden, 2005)". *Dissertation Abstracts International, 66*, 21-69.

Downing, J. (2004). Serviços conexos para estudantes com deficiência: Introduction to the special issue. *Intervention in School and Clinic, 39*, 195-208.

Eldar, E., Talmor, R., & Wolf-Zukerman, T. (2010). Sucessos e dificuldades na inclusão individual de crianças com perturbação do espetro do autismo (PEA) na perspetiva dos seus coordenadores. *Revista Internacional de Educação Inclusiva, 14*, 97-114.

Ellins, J., & Porter, J. (2005). Departmental differences in attitudes to special educational needs in the secondary school. *British Journal of Special Education, 32*, 188-195.

Fazio, R. H., & Zanna, M. P. (1978). On the predictive validity of attitudes: the roles of direct experience and confidence. *Journal of Personality, 46*, 228-243.

Foreman, P., Arthur-Kelly, M., Pascoe, S., & King, B. S. (2004). Avaliação das experiências educativas de crianças com deficiências profundas e múltiplas em salas de aula inclusivas e segregadas: Uma perspetiva australiana. *Research and Practice for Persons with Severe Disabilities, 9,* 183-193.

Friedman, I. (2003). Self-efficacy and burnout in teaching: The importance of interpersonal-relations efficacy. *Psicologia Social da Educação, 6*, 191-215.

Gary, P. L. (1997). The effect of inclusion on non-disabled children; a review of the research. *Contemporary Education, 68*, 4.

Gibson, S., & Dembo, M. H. (1984). Teacher efficacy: A construct validation. *Journal of Educational Psychology, 76*, 569-582.

Grusec, J. E. (1992). Teoria da aprendizagem social e psicologia do desenvolvimento: The legacies of Robert Sears and Albert Bandura. *Developmental Psychology, 28*, 776-786.

Hammond, H., & Ingalls, L. (2003). Teachers' attitudes toward inclusion: survey results from elementary school teachers in three southwestern rural school districts. *Rural Special Education Quarterly, 22*, 24-30.

Harding, S. (2009). Modelos de inclusão bem sucedidos para alunos com deficiência requerem uma liderança forte no local: O autismo e as perturbações comportamentais criam muitos desafios para o ambiente de aprendizagem. *International Journal of Learning, 16*(3), 91-103.

Hastings, R. P., & Graham, S. (1995). As percepções dos adolescentes sobre os jovens com dificuldades de aprendizagem graves: The effects of integration schemes and frequency of contact. *Educational Psychology, 15*, 149-159.

Hwang, Y. S., & Evans, D. (2011). Atitudes em relação à inclusão: Gaps between belief and practice. *Revista Internacional de Educação Especial, 26*, 136-146.

Idol, L. (2006). Toward inclusion of special education students in general education (Para a inclusão de alunos do ensino especial no ensino geral*). Remedial and Special Education, 27*, 77-94.

Individuals with Disabilities Education Act, (1994) 20 U.S.C. §§ 1412, 1414; 34 C.F.R. Part 300; Tribunal Federal de Recursos do Quinto Circuito; Gabinete de Programas de Educação Especial.

Jenkins, A., & Ornelles, C. (2007). Pre-service teachers' confidence in teaching students with disabilities: addressing the INTASC standards. *The Electronic Journal for Inclusive Education, 2*(2), http://www.ed.wright.edu/~prenick/Winter Spring 08/Winter Spring 08.html.

Jenkins, A., & Ornelles, C. (2009). Determining professional development needs of general educators in teaching students with disabilities in Hawai'i (Determinação das necessidades de desenvolvimento profissional dos educadores gerais no ensino de alunos com deficiência no Havai). *Professional Development in Education, 35*, 635-654.

Jennett, H. K., Harris, S. L., & Mesibov, G. B. (2003). Commitment to philosophy, teacher efficacy, and burnout among teachers of children with autism. *Journal of Autism and Developmental Disorders, 33*, 583-593.

Jones, V. (2007). 'I felt like I did something good' - the impact on mainstream pupils of a peer tutoring programme for children with autism. *British Journal of Special Education, 34*, 3-9.

Jordan, A., Kircaali-Iftar, G., & Diamond, P. (1993). Quem tem um problema, o aluno ou o professor? Differences in teachers' beliefs about their work with at-risk and integrated exceptional students. *International Journal of Disability, Development and Education, 40*, 45-62.

Jull, S. (2006). Auto-graph: considerando a utilidade da auto-monitorização do comportamento do aluno para escolas inclusivas. *Journal of Research in Special Educational Needs, 6*(1), 1730.

Kanner, L. (1943). "Distúrbios autistas do contacto afetivo". *Ata Paedopsychiatrica [Ata Paedopsychiatr], 35*, 100-136.

Kilanowski-Press, L., Foote, C., & Rinaldo, V., (2010). Salas de aula e professores de inclusão: A survey of current practices. *Revista Internacional de Educação Especial, 25*, 43-56.

Kim, Y. S., Bennett, L., Yun-Joo, K., Fombonne, E., Laska, E., Lim, E., Cheon, K., Kim, S., Kim, Y., Lee, H., Song, D., & Grinker, R. R. (2011). Prevalência de transtornos do espetro do autismo em uma amostra da população total. *American Journal of Psychiatry, 168*, 904-912.

Kirk, R. E. (1995). *Experimental Design: Procedimentos para as Ciências do Comportamento.* (3rd ed.). Brooks/Cole Publishing Co.

Kogan, M., Blumberg, S., Schieve, L., Boyle, C., Perrin, J., Ghandour, R., Perrin, M., Ghandour, R. M., Singh, G. K., Strickland, B. B., Trevathan, E., & van Dyck, P. C. (2009). Prevalência do diagnóstico relatado pelos pais de transtorno do espetro do autismo entre crianças nos EUA, 2007. *Pediatrics, 124,* 1395-1403.

Kosko, K. W., & Wilkins, J. L. M. (2009). General educators' in-service training and their self-perceived ability to adapt instruction for students with IEPs. *The Professional Educator, 33,* 1-10.

Leblanc, L., Richardson, W., & Burns, K. A. (2009). Perturbação do espetro do autismo e a sala de aula inclusiva. Formação eficaz para melhorar os conhecimentos sobre a PEA e as práticas baseadas em provas. *Formação de Professores e Educação Especial, 32*(2), 166179.

Lifshitz, H., Glaubman, R., & Issawi, R. (2004). Atitudes face à inclusão: The case of Israeli and Palestinian regular and special education teachers. *European Journal of Special Needs Education, 19,* 171-190.

Lin, H., Gorrell, J., & Taylor, J. (2002). Influence of culture and education on US and Taiwan preservice teachers' efficacy beliefs. *Journal of Educational Research, 96,* 37-46.

Lopes, J. A., Monteiro, I., Sil, V., Rutherford, R. B., & Quinn, M. M. (2004). As percepções dos professores sobre o ensino de alunos problemáticos em salas de aula regulares. *Educação e Tratamento de Crianças, 27,* 394-419.

Loreman, T., & Earle, C. (2007). The development of attitudes, sentiments, and concerns about inclusive education in a content-infused Canadian teacher preparation program. *Exceptionality Education Canada, 17,* 85-106.

Loreman, T., Forlin, C., & Sharma, U. (2007). An international comparison of preservice teacher attitudes towards inclusive education. *Disability Studies Quarterly, 27*(4). http://www.dsq-sds.org.

McGregor, E., & Campbell, E. (2001). The attitudes of teachers in Scotland to the integration of children with autism into mainstream schools. *Autism, 5,* 189-207.

McLeskey, J., Rosenberg, M. S., & Westling, D. L. (2010). Inclusion Effective Practices for all Students [Práticas Eficazes de Inclusao para todos os Alunos]. Upper Saddle River, NJ: Pearson Education Inc.

Moore, C., Gilbreath, D., & Mauiri, F. (1998). Educar alunos com deficiência em salas de aula de ensino geral: A summary of the research. Disponível online em: http://interact. Uoregon.edu/wrrc/AKInclusion.htm/.

Academia Nacional de Ciências - Conselho Nacional de Investigação, W., & Academia Nacional de Ciências - Conselho Nacional de Investigação, W. (2001). *Educar crianças com autismo.*

Norrell, L. (1997). Um caso de inclusão responsável. *Teaching PreK-8, 28,* 1-7.

Odom, S., Brown, W., Frey, T., Karasu, N., Smith-Canter, L., & Strain, P. (2003). Evidence-based practices for young children with autism: contributions for singlesubject design research. *Focus on Autism & Other Developmental Disabilities, 18,* 166-175.

Park, M., Chitiyo, M., & Choi, Y. S. (2010). Examinar as atitudes dos professores em préserviço em relação às crianças com autismo nos EUA. *Journal of Research in Special Educational Needs, 10,* 107-114.

Pianta, R. C. (1992). *Escala de relacionamento aluno-professor.* Universidade da Virgínia, Charlottesville, VA.

Reindal, S. M. (2010). Qual é o objetivo? Reflexões sobre a inclusão e a educação especial numa perspetiva de capacidade. *European Journal of Special Needs Education, 25,* 1-12.

Rice, C. (2007). Prevalência de perturbações do espetro do autismo --- autismo e desenvolvimento rede de monitorização de deficiências, seis locais, Estados Unidos. Morbidity and Mortality Weekly Report. 56(SS01), 1-11.

Robertson, K., Chamberlain, B., & Kasari, C. (2003). As relações dos professores do ensino geral com os alunos com autismo incluídos. *Journal of Autism and Developmental Disorders, 33,* 123-130.

Romi, S., & Leyser, Y. (2006). Exploring inclusion pre-service training needs: a study of variables associated with attitudes and self-efficacy beliefs. *European Journal of Special Needs Education, 21,* 85-105.

Rose, D. F., & Smith, B. J. (1992). Barreiras de atitude e estratégias para a integração no préescolar. (Relatório No. ED350758). Pittsburgh, PA: Instituto de Investigação Allegheny-Singer.

Ross-Hill, R. (2009). Atitude dos professores em relação às práticas de inclusão e aos alunos com necessidades especiais. *Journal of Research in Special Educational Needs, 9,* 188-198.

Ryan, T. G. (2009). Atitudes inclusivas: uma análise pré-serviço. *Journal of Research in*

Special Educational Needs, 9, 180-187.

Salend, S., & Duhaney, L. (1999). The impact of inclusion on students with and without disabilities and their educators (O impacto da inclusão nos alunos com e sem deficiência e nos seus educadores). *Remedial and Special Education, 20*, 114-126.

Scruggs, T., & Mastropieri, M. (1996). Percepções dos professores sobre a integração/inclusão, 1958-1995. A research synthesis. *Exceptional Children, 63*, 59-74.

Sharma, U., Ed, J., & Desai, I. (2003). A comparison of Australian and Singaporean preservice teachers' attitudes and concerns about inclusive education. *Teaching and Learning, 24*, 207-217.

Sharma, U., Forlin, C., & Loreman, T. (2008). Impact of training on pre-service teachers' attitudes and concerns about inclusive education and sentiments about persons with disabilities. *Disability & Society, 23*, 773-785.

Sharma, U., Forlin, C., Loreman, T., & Earle, C. (2006). Pre-service teachers' attitudes, concerns and sentiments about inclusive education: an international comparison of the novice pre-service teacher. *Revista Internacional de Educação Especial, 21*, 8093.

Silverman, J. C. (2007). Crenças epistemológicas e atitudes em relação à inclusão em professores em formação. *Formação de Professores e Educação Especial, 30*, 42-51.

Sims, H. P. Jr., & Lorenzi, P. (1992) The New Leadership Paradigm. Newberry Park, CA: Sage Publications.

Snowden, D. (2003). Managing for serendipity or why we should lay off "best practices" in KM. *Gestão do Conhecimento, 6*, 8.

Soodak, L. C., & Podell, D. M. (1993). Teacher efficacy and student problem as factors in special education referral. *Journal of Special Education, 27*, 66-81.

Subban, P., & Sharma, U. (2005). Understanding educator attitudes towards the implementation of inclusive education (Compreender as atitudes dos educadores relativamente à implementação da educação inclusiva). *Disability Studies Quarterly, 25*, http://dsq-sds.org.

Sun, C. M. (2007). The impact of inclusion-based education on the likelihood of independence for today's students with special needs (O impacto do ensino baseado na inclusão na probabilidade de independência dos actuais alunos com necessidades especiais). *Journal of Special Education Leadership, 20*, 84-92.

Sze, S. (2009). Uma revisão da literatura: Pre-service teachers' attitudes towards students with disabilities. *Educação, 130*, 53-56.

Taylor, S. V., & Sobel, D. M. (2001). Abordar a descontinuidade da diversidade dos alunos e dos professores: um estudo preliminar das crenças e competências percebidas dos professores em formação. *Teaching and Teacher Education, 17*, 1-17.

Gabinete de Educação Especial e Serviços de Reabilitação do Departamento de Educação dos EUA. (2006). OSEP IDEA, histórico da recolha de dados da parte B. Washington, DC: Autor.

Van Der Roest, D, Kleiner, K., & Kleiner, B. (2011). Auto-eficácia: A biologia da confiança. *Culture & Religion Review Journal, 1*, 26-35.

Viel-Ruma, K., Houchins, D., Jolivette, K., & Benson, G. (2010). Crenças de eficácia de educadores especiais: The relationships among collective efficacy, teacher selffefficacy, and job satisfaction. *Formação de Professores e Educação Especial, 33*, 225233.

Villa, R., Thousand, J., Meyers, H., & Nevin, A. (1996). Percepções de professores e administradores sobre o ensino heterogéneo. *Exceptional Children, 63*, 29-45.

Waldron, N., McLeskey, J., & Pacchiano, D. (1999). Dar voz aos professores: Perspectivas dos professores relativamente aos programas de ensino inclusivo elementar (ISPs). *Teacher Education and Special Education, 22*, 141-153.

Webb, N. (2004). Inclusão de alunos com deficiência: um inquérito às atitudes dos professores em relação à educação para a inclusão. (Dissertação de doutoramento, Walden University, 2004). *Dissertation Abstracts International, 66*, 2143.

Wing, L. (1997). O espetro autista. *Lancet, 350*, 17-61.

Wing, L., & Gould, J. (1979). Deficiências graves de interação social e anomalias associadas em crianças: Epidemiologia e classificação. *Journal of Autism and Developmental Disorders, 9*, 11-29.

Wolery, M., Anthony, L., Snyder, E. D., Werts, M. G., & Katzenmeyer, J. (1997). Práticas de ensino eficazes em salas de aula inclusivas. *Education and Treatment of Children, 20*, 50-58.

Yianni-Courdurier, C., Darrou, C., Lenoir, P. Verrecchia, B., Assouline, B., Ledesert, B.,

Michelon, C., Pry, R., Aussilloux, C., & Baghdadli, A. (2008). Que caraterísticas clínicas das crianças com autismo influenciam a sua inclusão em salas de aula regulares? *Journal of Intellectual Disability Research, 52*, 855-863.

I want morebooks!

Buy your books fast and straightforward online - at one of world's fastest growing online book stores! Environmentally sound due to Print-on-Demand technologies.

Buy your books online at
www.morebooks.shop

Compre os seus livros mais rápido e diretamente na internet, em uma das livrarias on-line com o maior crescimento no mundo! Produção que protege o meio ambiente através das tecnologias de impressão sob demanda.

Compre os seus livros on-line em
www.morebooks.shop

info@omniscriptum.com
www.omniscriptum.com

www.ingramcontent.com/pod-product-compliance
Ingram Content Group UK Ltd.
Pitfield, Milton Keynes, MK11 3LW, UK
UKHW041935131224
452403UK00001B/162